U0949580

中国旅游统计年鉴
THE YEARBOOK OF CHINA TOURISM STATISTICS
2015

中华人民共和国国家旅游局
NATIONAL TOURISM ADMINISTRATION OF
THE PEOPLE'S REPUBLIC OF CHINA

中国旅游出版社

2013~2014 年主要国家入境旅游人数
FOREIGN VISITOR ARRIVALS FROM THE MAIN GENERATING COUNTRIES 2013–2014

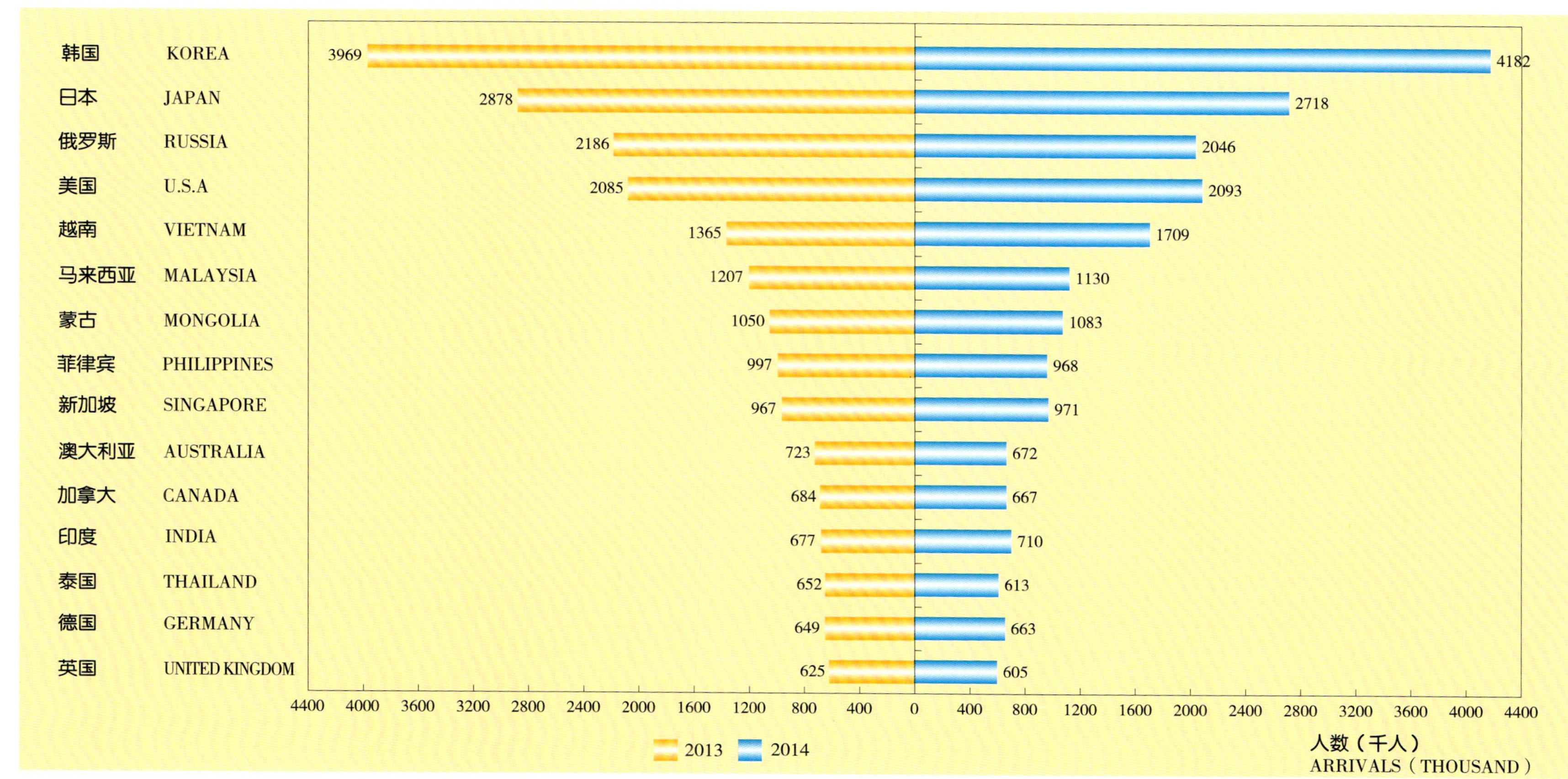

2012~2014 年各月入境外国游客人数
MONTHLY FOREIGN VISITOR ARRIVALS 2012–2014

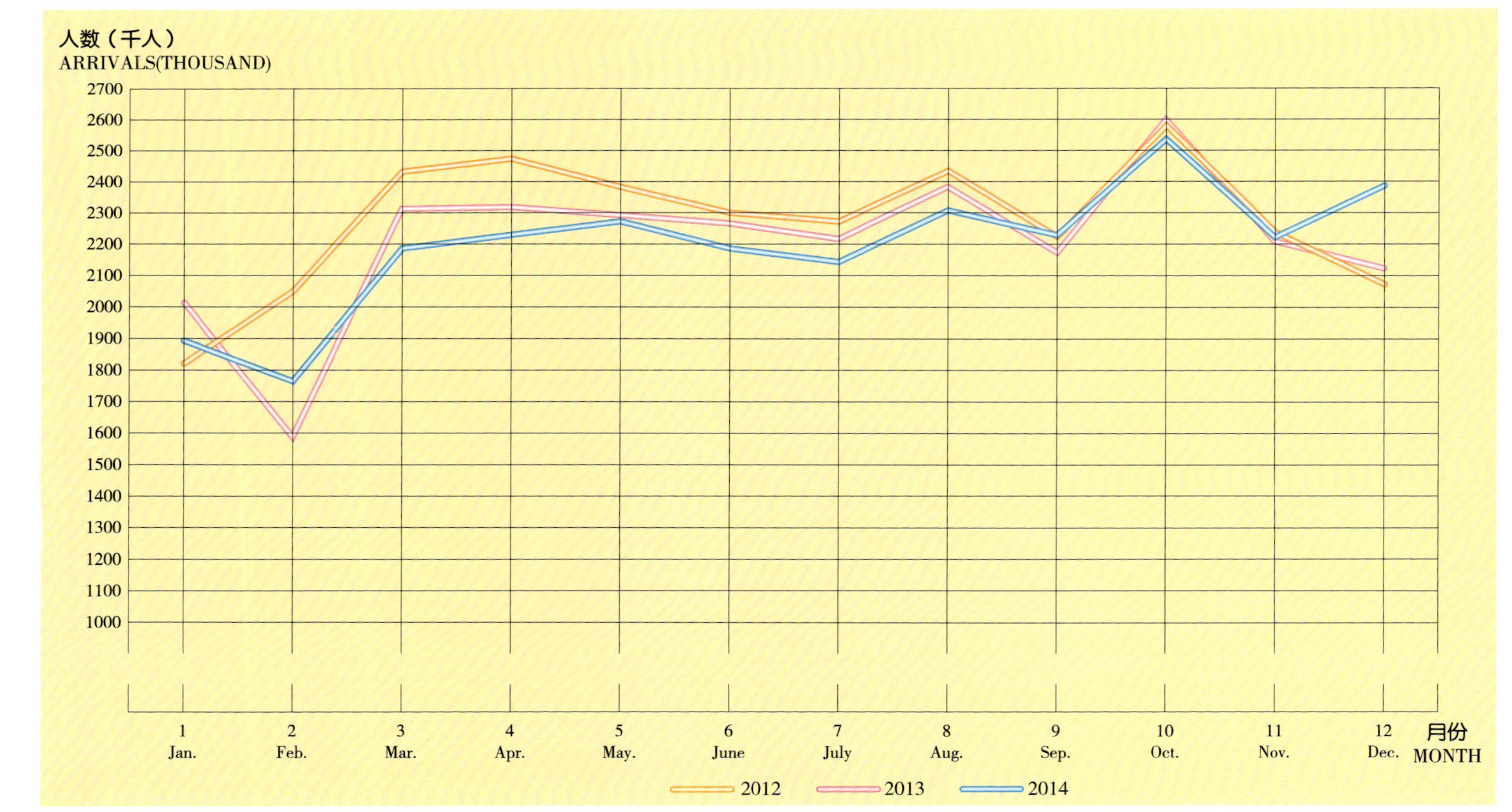

2014 年主要城市接待入境过夜游客人数
ARRIVALS TO MAJOR CITIES 2014

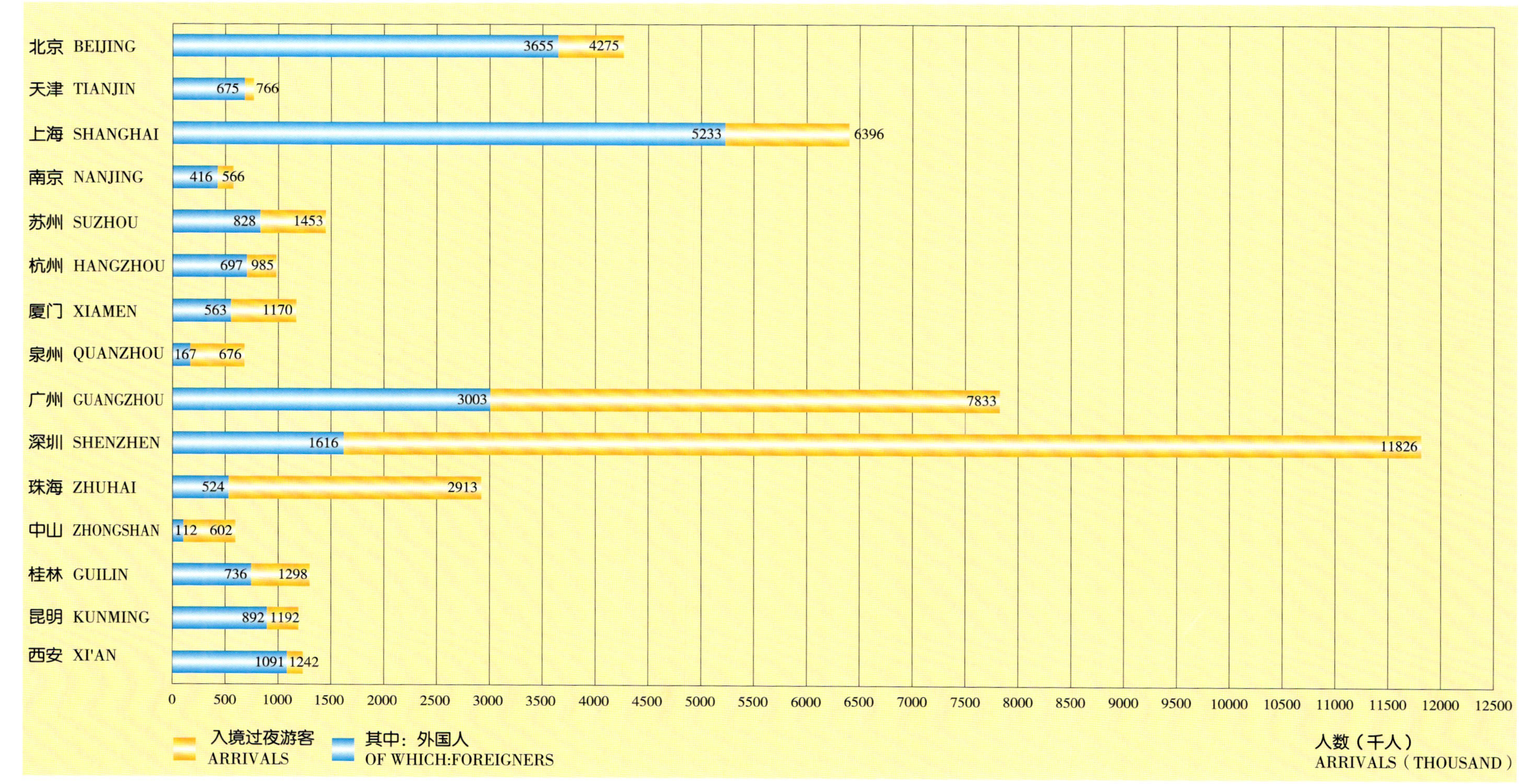

2014 年入境外国游客人数构成（按地区分）
BREAKDOWN OF FOREIGN VISITOR ARRIVALS BY REGION 2014

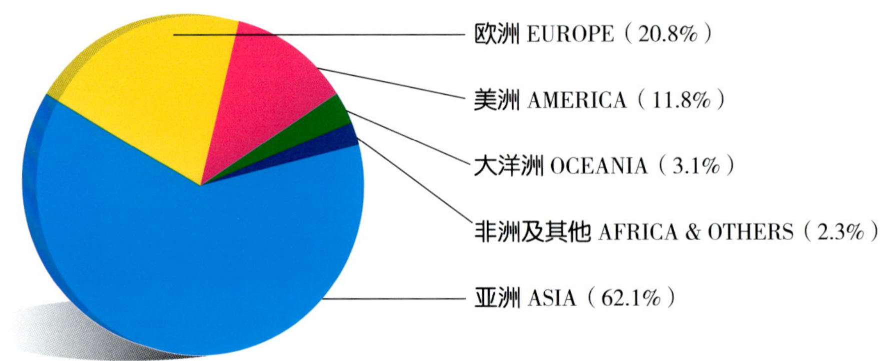

2014 年入境外国游客人数构成（按入境方式分）
BREAKDOWN OF FOREIGN VISITOR ARRIVALS BY MODE OF TRANSPORT 2014

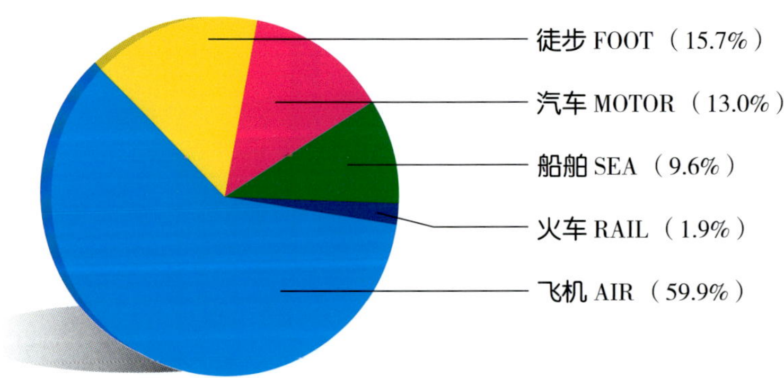

2014 年入境外国游客人数构成（按年龄分）
BREAKDOWN OF FOREIGN VISITOR ARRIVALS BY AGE 2014

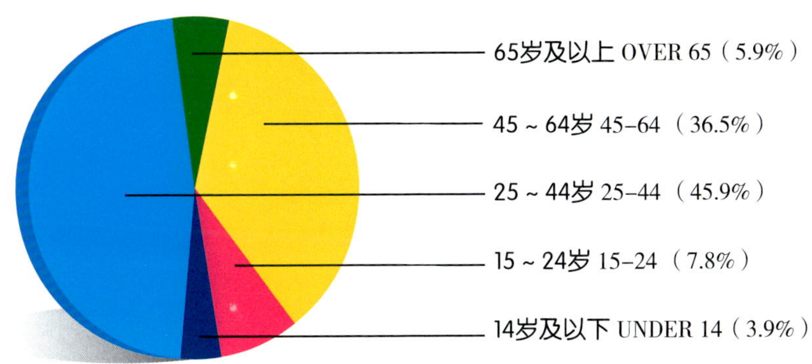

2014 年入境外国游客人数构成（按目的分）
BREAKDOWN OF FOREIGN VISITOR ARRIVALS BY PURPOSE 2014

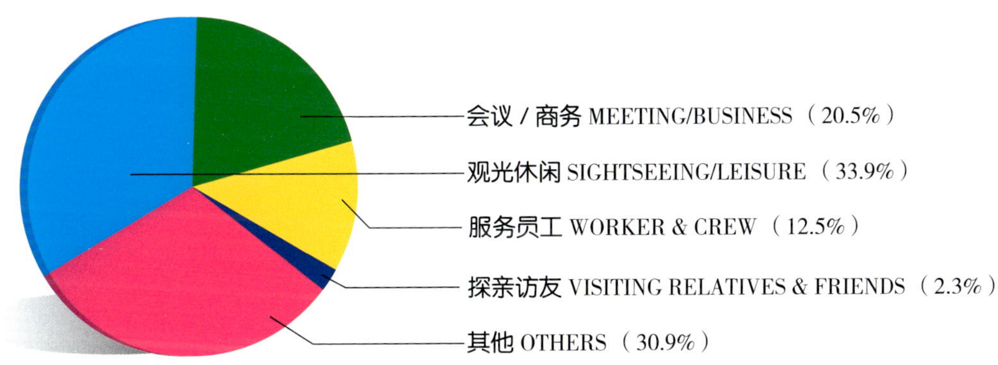

2014 年国际旅游（外汇）收入构成
BREAKDOWN OF INTERNATIONAL TOURISM RECEIPTS 2014

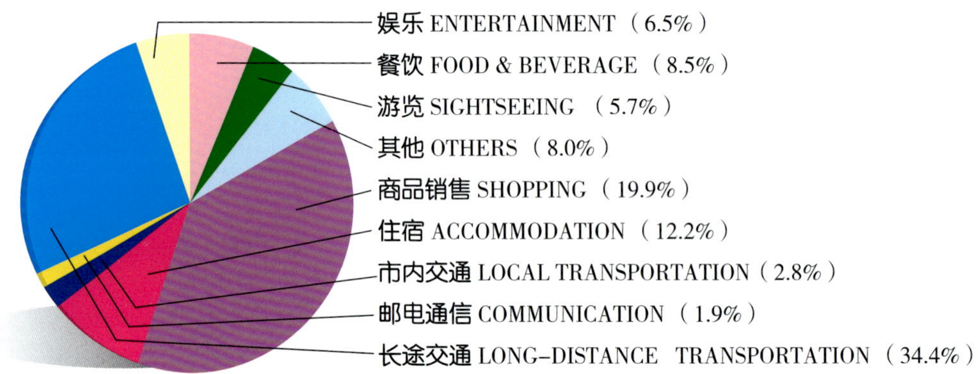

2014 年国际旅游（外汇）收入（按来源分）
INTERNATIONAL TOURISM RECEIPTS 2014

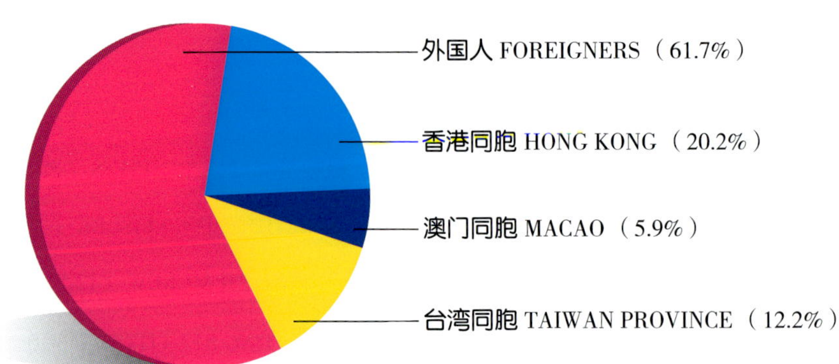

说明：上述数据为在华（内地）停留时间在三个月以内的入境游客抽样调查数据

NOTE: THE ABOVE DATA ARE SAMPLE SURVEY DATA ON INBOUND VISITORS WHO STAY IN MAINLAND CHINA FOR LESS THAN 3 MONTHS.

1992~2014 年星级饭店数及客房数
NUMBER OF STAR-RATED HOTELS & ROOMS 1992–2014

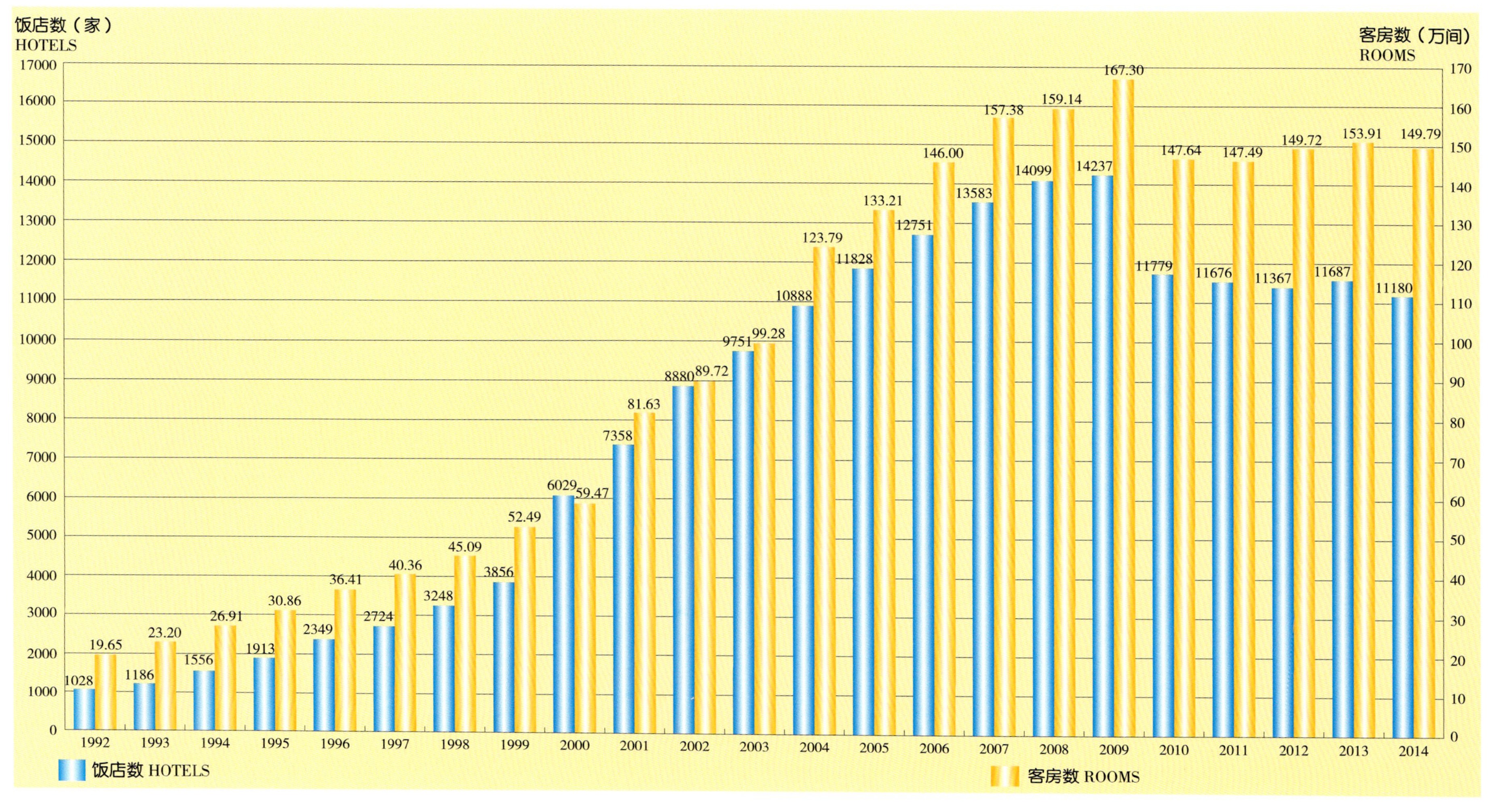

2014 年不同星级饭店的数量及客房数
NUMBER OF DIFFERENT STAR-RATED HOTELS & ROOMS 2014

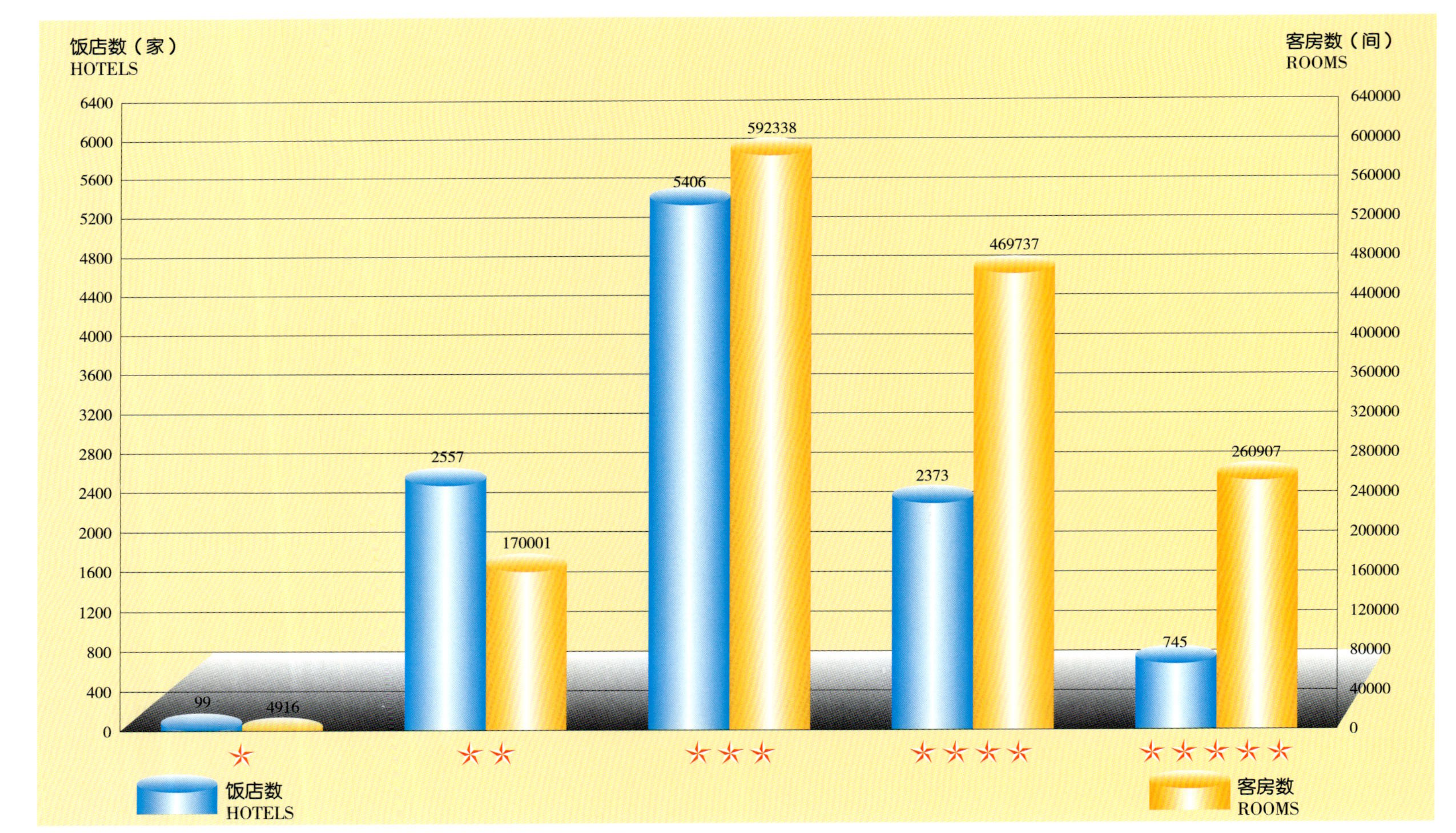

中国旅游统计年鉴编辑委员会

LIST OF EDITIONAL BOARD OF THE YEARBOOK OF CHINA TOURISM STATISTICS

编 者 说 明

《中国旅游统计年鉴2015》是一本全面反映2014年中华人民共和国旅游业发展情况的资料性年刊。全书为中英文对照版本，内容分为：2014年中国旅游业统计公报和入境旅游人数、入境外国游客主要特征、国际旅游（外汇）收入、国内旅游基本情况、地方接待入境过夜游客情况、星级饭店基本情况、旅行社基本情况、旅游景区基本情况、旅游企事业单位基本情况等共九个部分的统计资料。

本年鉴所附的《旅游统计基本概念和主要指标解释》，是对主要旅游统计指标的含义、统计范围和统计方法所作的简要说明。

本年鉴资料来源于全国各地旅游部门、统计部门和公安边检等部门。全国统计数据均未包括我国台湾省、香港特别行政区和澳门特别行政区的数字。本年鉴的统计数字按国家旅游局和国家统计局联合制定的《旅游统计调查制度》规定的口径进行统计和汇总，个别特殊的地方做了注释和说明。入境游客调查范围是到中国（大陆）的入境游客（包括外国人、港澳同胞和台湾同胞），其停留时间不超过3个月。在编辑过程中，我们对2014年各月的数字进行了核实、调整，读者在使用时如发现已经公布的统计数字与本年鉴数字不符，则以本年鉴数字为准。

本年鉴是了解中国旅游业2014年发展情况的权威性资料，可供旅游部门、国民经济各有关部门、教学科研单位以及旅游经济的科研人员、大专院校师生使用。海外旅游业同行、有关行业内人士以及入境旅游的外国人、港澳台同胞亦可从中得到有关统计信息。本年鉴中凡带有续表的资料，如有注解均加在第一张表下面,请读者使用时注意。表中有“#”号者表示为该栏的主要项或其中项；有“*”号者表示本表下有注解；空格处表示该项数据不详或以前年份无该数据。统计表下注有资料来源单位，未注明的均为国家旅游局提供。

中国旅游统计年鉴编委会

二〇一五年十二月

INTRODUCTION

The Yearbook of China Tourism Statistics for 2015 is a yearly review with information on the overall development of the tourism industry in the People's Republic of China in 2014. Written in English and Chinese, the information in this Yearbook covers nine aspects: Statistics Report on China's Tourism Industry in 2014 and visitor arrivals to China, major profile of international visitors to China, international tourism receipts, domestic tourism, business of different regions, business of star-rated hotels, business of travel agencies, business of tourist attractions, travel enterprises and non-business institutions.

A note to the Index of Major Statistic Terms is attached at the end of the Yearbook, which gives a brief explanation of the meaning of main tourism statistics, scope and method of data-collecting.

The data of the Yearbook come from the tourism departments, statistical departments, and ports of entry and exit of public security departments throughout the country. The statistics of Taiwan Province, Hong Kong Special Administrative Region and Macao Special Administrative Region are not included. All the data are processed and compiled in line with the requirements set forth in the tourism statistics reporting system jointly formulated by the National Tourism Administration and the National Bureau of Statistics, and explanatory notes are provided in some special cases. Inbound visitor samples include inbound visitors from foreign countries, Hong Kong SAR, Macau SAR and Taiwan province while their stay time is less than 3 months. Re-check and re-adjustments have been made to the figures of each month in 2014, and if some inconsistency is found between the published figures and the figures in this Yearbook, the latter should be taken as authentic.

This Yearbook provides authoritative data on the development of China's tourism industry in 2014, which is useful to tourism departments, relevant departments of the national economy, education and research institutes, and students and teachers. The overseas travel trade, relevant people of the industry and foreign visitors to China, compatriots from Hong Kong, Macao and Taiwan can also benefit from this Yearbook.

In the Yearbook, wherever a table is contiuned on the next page, footnotes are given on the first page. The mark "#" denotes headline entry, while the mark "*" leads to footnotes. A blank cell means relevant data unclear or the relevant figure for previous years not available. Sources of the data are acknowledged beneath the table. All the unacknowledged data are provided by the National Tourism Administration.

Editing Committee of
the Yearbook of China Tourism Statistics
December, 2015

目　录

CONTENTS

2014年中国旅游业统计公报

国 家 旅 游 局

（2015年12月）

2014年，我国旅游业持续快速发展。国内旅游市场高速增长，入境旅游市场稳中有进，出境旅游市场快速增长。国内旅游人数36.11亿人次，收入3.03万亿元人民币，分别比上年增长10.7%和15.4%；入境旅游人数1.28亿人次，实现国际旅游（外汇）收入1053.8亿美元；中国公民出境旅游人数达到1.07亿人次，旅游花费896.4亿美元；全年实现旅游业总收入3.73万亿元人民币。全年全国旅游业对GDP的综合贡献为6.61万亿元，占GDP总量的10.39%。旅游直接就业2779.4万人，旅游直接和间接就业7873万人，占全国就业总人口的10.19%。

一、国内旅游

——全国国内旅游人数36.11亿人次，比上年增长10.7%。其中：城镇居民24.83亿人次，农村居民11.28亿人次。

——全国国内旅游收入3.03万亿元人民币，比上年增长15.4%。其中：城镇居民旅游消费24219.76亿元，农村居民旅游消费6092.11亿元。

——全国国内旅游出游人均花费839.7元。其中：城镇居民国内旅游出游人均花费975.4元，农村居民国内旅游出游人均花费540.2元。

——在春节、“十一”两个“黄金周”中，全国共接待国内游客7.06亿人次，实现旅游收入3716.9亿元。

二、入境旅游

——入境旅游人数1.28亿人次。其中：外国人2636.08万人次；香港同胞7613.17万人次，澳门同胞2063.99万人次，台湾同胞536.59万人次。

——入境过夜游客人数5562.20万人次。其中：外国人2081.27万人次；香港同胞2587.45万人次，澳门同胞420.75万人次，台湾同胞472.74万人次。

——国际旅游（外汇）收入1053.8亿美元。

三、出境旅游

——我国公民出境旅游人数达到1.07亿人次。

——经旅行社组织出境旅游的总人数为3914.98万人次，增长16.7%，其中：组织出国游2476.32万人次，增长18.7%；组织港澳游1059.87万人次，增长7.2%；组织台湾游378.79万人次，增长34.5%。

——我国公民出境旅游目的地新增国家为：乌克兰。

——出境旅游花费896.4亿美元。

四、旅行社规模和经营

——截至年末，全国纳入统计范围的旅行社共有26650家，比上年末增长2.3%。

——截至年末，全国旅行社资产总额1292.97亿元，比上年增长24.4%；各类旅行社共实现营业收入4029.59亿元，比上年增长12.0%；营业税金及附加16.60亿元，比上年增长11.3%。

——全年，全国旅行社共招徕入境游客1410.04万人次、6165.94万人天，分别比上年下降2.6%、增长1.7%；经旅行社接待的入境游客为2002.56万人次、6855.15万人天，分别比上年下降2.2%、增长2.8%。

——全年，全国旅行社共组织国内过夜游客13116.66万人次、41545.83万人天，分别比上年增长2.0%和1.7%；经旅行社接待的国内过夜游客为14457.77万人次、34978.44万人天，分别比上年下降0.4%，增长3.4%。

五、星级饭店规模和经营

截至年末，全国纳入星级饭店统计管理系统的星级饭店共计12803家，其中有11180家完成了2014年财务状况表的填报，并通过省级旅游行政管理部门审核。11180家星级饭店财务数据显示：

——全国11180家星级饭店，拥有客房149.79万间，床位262.48万张；拥有固定资产原值5009.48亿元；实现营业收入总额2151.45亿元；上缴营业税金125.29亿元；全年平均客房出租率为54.2%。

——在11180家星级饭店中：五星级饭店745家，四星级饭店2372家，三星级饭店5406家，二星级饭店2557家，一星级饭店99家。

——全国3057家国有星级饭店，2014年共实现营业收入651.83亿元，上缴营业税 35.53 亿元。

——全国外商和港澳台投资兴建的 442 家星级饭店，全年共实现营业收入 290.08 亿元；上缴营业税 16.68 亿元。

六、旅游教育培训情况

——截至年末，全国共有高等旅游院校及开设旅游系（专业）的普通高等院校 1122 所，比上年末增加 163 所，在校生 43.52 万人，减少 5.91 万人；中等职业学校 933 所，比上年末增加 60 所，在校学生 31.81 万人，增加 4.09 万人。两项合计，旅游院校总数 2055 所，在校学生为 75.33 万人。

——全年，全行业在职人员培训总量达 462.13 万人次，比上年增加 34.83 万人次，增长 8.2%。

STATISTICAL REPORT ON CHINA'S TOURISM INDUSTRY IN 2014

China National Tourism Administration

(December, 2015)

In 2014, China's tourism industry developed continuously and fast. Specifically speaking, domestic tourism developed steadily, inbound tourism market rebounded slightly, while outbound tourism market grew continuously and fast. Domestic tourism received 3.611 billion visitor arrivals and enjoyed an income of RMB 3.03 trillion, witnessing an annual growth of 10.7% and of 15.4% respectively; inbound tourism received 128 million tourist arrivals and enjoyed the revenue of US$ 105.38 billion; outbound tourism received 107 million tourist arrivals with the expense of US$ 89.64 billion; the total tourism income in 2014 was 3.73 trillion RMB. The comprehensive contribution of tourism to GDP was 6.610 trillion RMB, accounting for 10.39% of GDP. The direct employments generated by tourism reached 27.794 million in 2014, and the total employments including both direct and indirect positions was 78.73 million, accounting for 10.91% of overall employments of China.

I. Domestic Tourism

—Domestic visitor arrivals totaled 3.611 billion, telling a year by year growth of 10.7%. Among them, 2.483 billion were urban residents while 1.128 billion rural residents.

—The revenue of domestic tourism amounted to RMB 3.031187 trillion, witnessing an annual increase of 15.4%. Specifically, urban residents spent 2.421976 trillion yuan on domestic tourism while rural residents 0.609211 trillion yuan.

—The consumption per capita of domestic tourism was 839.7 yuan. Specifically, every urban resident spent 975.4 yuan on domestic tourism on average while each rural resident 540.2 yuan.

—During two “Golden Weeks”, i.e. the Chinese Spring Festival and National Day, domestic tourism received 706 million visitor arrivals and realized an income of 371.69 billion yuan.

II. Inbound Tourism

—The number of inbound visitor arrivals reached 128.4983 million. Among them, foreign tourist arrivals were 26.3608 million; tourist arrivals from Hong Kong were 76.1317 million; tourist arrivals from Macao were 20.6399 million; tourist arrivals from Taiwan were 5.3659 million.

—Inbound overnight visitor arrivals totaled 55.6220 million. Among them, foreign tourist arrivals were 20.8127 million; tourist arrivals from Hong Kong were 25.8745 million; tourist arrivals from Macao were 4.2075 million; tourist arrivals from Taiwan were 4.7274 million.

—The revenue of international tourism reached US$ 105.38 billion.

III. Outbound Tourism

—The number of outbound Chinese visitor arrivals reached 107 million.

—Chinese people traveling abroad organized by travel agencies totaled 39.1498 million (arrivals), telling an annual growth of 16.7%. Of the total, 24.7632 million went to foreign countries, increasing by 18.7%; 10.5987 million to Hong Kong and Macao, growing by 7.2%; and 3.7879 million to Taiwan, growing by 34.5%.

—The new added destination where Chinese people can travel to was Ukraine.

—The expense of outbound tourism totaled 89.64 billion dollars.

IV. Scale and Operation of Travel Agencies

—By the end of 2014, according to relevant statistics, there were 26,650 travel agencies in China, increasing by 2.3% over the previous year.

—By the end of 2014, the total assets owned by travel agencies all over the country amounted to 129.297 billion yuan, witnessing an annual increase of 24.4%; the operating revenue of travel agencies nationwide totaled 402.959 billion yuan, enjoying an annual growth of 12.0%; the business tax and additional tax 1.660 billion yuan, up 11.3% over last year.

—In 2014, the total arrivals of inbound tourists organized by travel agencies nationwide were 14.1004 million, decreasing by 2.6% over the previous year; and the total number of person/nights was 61.6594 million, increasing by 1.7% in comparison with that of last year. The total number of inbound tourists received by travel agencies was 20.0256 million, decreasing 2.2% over last year; and the total number of person/nights was 68.5515 million, increasing by 2.8% as against that of the previous year.

—In 2014, the arrivals of overnight domestic tourists organized by travel agencies nationwide totaled 131.1666 million, up 2.0% over the previous year, and the total number of person/nights was 415.4583 million, increasing by 1.7% in comparison with that of last year. The arrivals of overnight domestic tourists received by travel agencies amounted to 144.5777 million, down 0.4% as against that of last year, and the total number of person/nights was 349.7844 million, increasing by 3.4% in comparison with that of last year.

V. Scale and Operation of Star Hotels

By the end of 2014, according to data from the star hotel statistics and management system, there were a total of 12,803 star hotels all over the country, and 11,180 of them had submitted their financial statements of 2014, all of which were approved by relevant province-level tourism administrations. The financial statements of those 11,180 star hotels showed that:

—The 11,180 hotels owned 1.4979 million guest rooms and 2.6248 million beds, possessed the original value of fixed assets of 500.948 billion yuan, realized the total operating revenue of 215.145 billion yuan, paid the business tax of 12.529 billion yuan, and saw the average occupancy rate of guest rooms of 54.2%.

—Among the 11,180 hotels, 745 were five-star, 2,372 four-star, 5,406 three-star, 2,557 two-star, and 99 one-star.

—There were 3,057 state-owned star hotels realizing the total operating revenue of 65.183 billion yuan and paying the business tax of 3.553 billion yuan in 2014.

—There were 442 star hotels built by investors from foreign countries, and Hong Kong/Macao/Taiwan, which realized the total operating revenue of 29.008 billion yuan and paid the business tax of 1.668 billion yuan in 2014.

VI. Education and Training in Tourism Industry

—By the end of 2014, there were 1,122 tourism universities and colleges with tourism department (major), 163 more than that of last year, with 435.2 thousand in-school students, 59.1 thousand less than that of the previous year; there were 933 secondary vocational schools, 60 more than that of last year, with 318.1 thousand in-school students, 40.9 thousand more than that of the previous year. In total, there were 2,055 tourism colleges and universities with 753.3 thousand in-school students.

—In 2014, employees of the whole tourism industry participating in training programs amounted to 4.6213 million (person-time), 348.3 thousand more than that of last year, with an 8.2% increase.

关于《2014年中国旅游业统计公报》修订和新增数据的说明

根据《国务院关于促进旅游业改革发展的若干意见》(国发〔2014〕31号)文件要"完善旅游统计指标体系和调查方法，建立科学的旅游发展考核评价体系"的要求，《2014年中国旅游业统计公报》的编制对原旅游统计中存在的问题进行了完善，修订了"国际旅游收入"及其相关的"旅游业总收入"、"外国入境过夜游客停留天数"、"人均天花费"等数据，新增了"旅游业对GDP的综合贡献"、"出境旅游花费"、旅游就业及其占全国就业总人口比例等数据。现就相关修订和新增数据说明如下：

1. 关于国际旅游收入。根据《旅游统计调查制度》规定的口径和入出境统计口径对等原则，补充完善了停留时间为3~12个月的入境游客的花费和游客在华短期旅居（纯粹旅游之外）的花费，并根据相关调查修订了外国入境过夜游客停留天数和人均天花费，将"国际旅游收入"由原来的569.13亿美元修订为1053.8亿美元。

2. 关于出境旅游花费。根据《国际收支手册》(第6版)，外汇管理局公布的旅游服务贸易支出实际上是中国公民出境花费总额。在核算我国"出境旅游花费"时，应根据联合国世界旅游组织《2008年国际旅游统计建议》，在"出境花费"基础上扣减各类海外务工人员在目的地购买的货物和服务（旅游花费除外）、中国留学生及其家属海外购买的货物和服务等支出，从而得到2014年出境旅游花费为896.4亿美元。

3. 关于旅游总收入。根据修订多增484.67亿美元"国际旅游收入"数据计入"旅游总收入"，将"旅游总收入"由原来的3.38万亿元人民币修订为3.73万亿元人民币。

4. 关于旅游业对GDP的综合贡献。根据联合国世界旅游组织《2008年旅游附属账户：建议的方法框架》，以既有的国际国内游客抽样调查数据为基础，结合投入产出法，核算新增了2014年全国旅游业对GDP的综合贡献。

5. 关于旅游就业数据。根据同一性假定，即某旅游特定产业销售给游客的产品和服务占比，与该产业就业人员中属于旅游就业的比例相等，核算新增了2014年全国旅游业直接就业和间接就业数据。

6. 关于历史同期数据比较。由于2014年国际旅游收入的测算方法和统计口径调整，数据无法回溯，不具有可比性，公报对“国际旅游收入”、“旅游总收入”等数据的同比值均不做计算和表述。

EXPLANATION OF AMENDED AND ADDED DATA IN THE *STATISTICAL REPORT ON CHINA'S TOURISM INDUSTRY IN* 2014

In order to meet the requirements of "improving statistical indexes system and investigation methods concerning the tourism and establishing a scientific assessment and evaluation system of the tourism development," which are specified in *Opinions of the State Council on Promoting the Reform and Development of the Tourism Industry* (G. F. [2014] No.31), problems in the original tourism statistics are rectified in the *Statistical Report on China's Tourism Industry in 2014*. Existing items like "international tourism receipts" and related "total tourism income," "foreign visitors' overnight stays" and the "daily per capita expenditure" are amended, with newly added items such as "comprehensive contribution of tourism to the GDP," "outbound tourism expense," as well as the tourism employment and its proportion in total national employment population. Relevant amended and newly-added data are explained as follows:

1. International tourism receipts. According to the specifications stated in the *System of Tourism Statistics Investigation* and the equivalence principle of entry-exit statistics specifications, expenses of inbound tourists staying for three to twelve months and of tourists residing for a short period (excluding those only for travel) are supplemented. In addition, foreign visitors' overnight stays and the per capita cost a day are revised based on relevant investigation. The international tourism Receipts is modified from USD 56.913 billion to USD 105.38 billion.

2. Outbound tourism expense. Based on the *Balance of Payments Manual* (Edition 6), tourism service trade expenditure issued by the State Administration of Foreign Exchange is actually gross outbound expense of Chinese citizens. When calculating outbound tourism expense of China, *The International Recommendations for Tourism Statistics 2008 (IRTS 2008)* drafted by the United Nations World Tourism Organization (UNWTO) should be applied to. The outbound tourism expense is the rest after deducting goods and service purchased by overseas workers (excluding tourism cost) in destination and those by Chinese overseas students and their relatives from the outbound cost. Therefore, China's outbound tourism expense was USD 89.64 billion in 2014.

3. Total tourism income. Another USD 48.467 billion of international tourism receipts is incorporated into the total tourism revenue after amendment, so the total tourism revenue is revised from RMB 3.38 trillion (USD 545.16 billion) to RMB 3.73 trillion (USD 601.61 billion).

4. Comprehensive contribution of tourism to the GDP. According to the *2008 Tourism Satellite Account: Recommended Methodological Framework (TSA: RMF 2008)* by the UNWTO and based on international and domestic tourists sampling survey, the comprehensive contribution of national tourism to the GDP in 2014 is supplemented by using the Input-output Method.

5. Tourism employment. According to identity hypothesis (the proportion of goods and service sold to tourists in a specific tourism segment equals to that of the tourism employment among total employees in that segment), the direct and indirect employment data in the Chinese tourism in 2014 is added.

6. Comparison of the historical data in the same period. Due to adjusted calculating methods and statistic specifications of international tourism revenue in 2014, those data cannot be traced back and are not comparable. The Bulletin does not calculate and explain the comparison data in the same period regarding international tourism receipts and total tourism income.

一、入境旅游人数

1. INTERNATIONAL VISITOR ARRIVALS TO CHINA

1-1 1978~2014 年中国入境过夜游客人数和国际旅游（外汇）收入的世界排名

RANK OF CHINA'S TOURIST ARRIVALS & TOURISM RECEIPTS IN THE WORLD 1978—2014

年 份 YEAR	过夜游客人数（万人次） TOURIST ARRIVALS（10000 PERSON-TIMES）	世界排名 RANK	国际旅游（外汇）收入（亿美元） TOURISM RECEIPTS（100Mn. US $）	世界排名 RANK
1978	71.60	—	2.63	—
1979	152.90	—	4.49	—
1980	350.00	18	6.17	34
1981	376.70	17	7.85	34
1982	392.40	16	8.43	29
1983	379.10	16	9.41	26
1984	514.10	14	11.31	21
1985	713.30	13	12.50	21
1986	900.10	12	15.31	22
1987	1 076.00	12	18.62	26
1988	1 236.10	10	22.47	26
1989	936.10	12	18.60	27
1990	1 048.40	11	22.18	25
1991	1 246.40	12	28.45	21
1992	1 651.20	9	39.47	17
1993	1 898.20	7	46.83	15
1994	2 107.00	6	73.23	10

资料来源：世界旅游组织。
SOURCE：WORLD TOURISM ORGANIZATION.

1-1（续 1）

年 份 YEAR	过夜游客人数（万人次） TOURIST ARRIVALS （10000 PERSON-TIMES）	世界排名 RANK	国际旅游（外汇）收入（亿美元） TOURISM RECEIPTS （100Mn. US $）	世界排名 RANK
1995	2 003.40	8	87.33	10
1996	2 276.50	6	102.00	9
1997	2 377.00	6	120.74	8
1998	2 507.29	6	126.02	7
1999	2 704.66	5	140.99	7
2000	3 122.88	5	162.24	7
2001	3 316.67	5	177.92	5
2002	3 680.26	5	203.85	5
2003	3 297.05	5	174.06	7
2004	4 176.14	4	257.39	7
2005	4 680.90	4	292.96	6
2006	4 991.34	4	339.49	5
2007	5 471.98	4	419.19	5
2008	5 304.92	4	408.43	5
2009	5 087.52	4	396.75	5
2010	5 566.45	3	458.14	4
2011	5 758.07	3	484.64	4
2012	5 772.49	3	500.28	4
2013	5 568.59	4	516.64	4
2014	5 562.20	*	1 053.80	*

1-2 1978~2014 年入境旅游人数

ANNUAL VISITOR ARRIVALS 1978—2014

单 位：万人次

UNIT：10000 PERSON-TIMES

年 份 YEAR	总 计 TOTAL	外国人 FOREIGNERS	华 侨 OVERSEAS CHINESE	港澳台同胞 *COMPA-TRIOTS	#台湾同胞 TAIWAN COMPATRIOTS
1978	180.92	22.96	1.81	156.15	
1979	420.39	36.24	2.09	382.06	
1980	570.25	52.91	3.44	513.90	
1981	776.71	67.52	3.89	705.31	
1982	792.43	76.45	4.27	711.70	
1983	947.70	87.25	4.04	856.41	
1984	1 285.22	113.43	4.75	1 167.04	
1985	1 783.31	137.05	8.48	1 637.78	
1986	2 281.95	148.23	6.81	2 126.90	
1987	2 690.23	172.78	8.70	2 508.74	
1988	3 169.48	184.22	7.93	2 977.33	43.77
1989	2 450.14	146.10	6.86	2 297.19	54.10
1990	2 746.18	174.73	9.11	2 562.34	94.80
1991	3 334.98	271.01	13.34	3 050.62	94.66
1992	3 811.49	400.64	16.51	3 394.34	131.78
1993	4 152.69	465.59	16.62	3 670.49	152.70
1994	4 368.45	518.21	11.52	3 838.72	139.02

资料来源：公安部。

SOURCE：MINISTRY OF PUBLIC SECURITY.

NOTE：* COMPATRIOTS FROM HONG KONG，MACAO AND TAIWAN PROVINCE.

1-2（续 1）

年 份 YEAR	总 计 TOTAL	外国人 FOREIGNERS	华 侨 OVERSEAS CHINESE	港澳台同胞 *COMPA-TRIOTS	#台湾同胞 TAIWAN COMPATRIOTS
1995	4 638.65	588.67	11.58	4 038.40	153.23
1996	5 112.75	674.43	15.46	4 422.86	173.39
1997	5 758.79	742.80	9.90	5 006.09	211.76
1998	6 347.84	710.77	12.07	5 625.00	217.46
1999	7 279.56	843.23	10.81	6 425.52	258.46
2000	8 344.39	1 016.04	7.55	7 320.80	310.86
2001	8 901.29	1 122.64	—	7 778.65	344.20
2002	9 790.83	1 343.95	—	8 446.88	366.06
2003	9 166.21	1 140.29	—	8 025.92	273.19
2004	10 903.82	1 693.25	—	9 210.57	368.53
2005	12 029.23	2 025.51	—	10 003.71	410.92
2006	12 494.21	2 221.03	—	10 273.18	441.35
2007	13 187.33	2 610.97	—	10 576.36	462.79
2008	13 002.74	2 432.53	—	10 570.21	438.56
2009	12 647.59	2 193.75	—	10 005.44	448.40
2010	13 376.22	2 612.69	—	10 249.48	514.06
2011	13 542.35	2 711.20	—	10 304.85	526.30
2012	13 240.53	2 719.16	—	10 521.37	534.02
2013	12 907.78	2 629.03	—	10 278.75	516.25
2014	12 849.83	2 636.08	—	10 213.75	536.59

1-3 2014 年各月入境旅游人数

MONTHLY VISITOR ARRIVALS 2014

单 位：万人次

UNIT：10000 PERSON-TIMES

月 份 MONTH	总 计 TOTAL	外国人 FOREI-GNERS	香港同胞 HONGKONG COMPATRIOTS	澳门同胞 MACAO COMPATRIOTS	台湾同胞 TAIWAN COMPATRIOTS
全 年 WHOLE YEAR	**12 849.83**	**2 636.08**	**7 613.17**	**2 063.99**	**536.59**
一 月 JAN.	1 062.86	189.44	652.91	186.37	34.14
二 月 FEB.	889.95	176.37	524.12	143.46	46.00
三 月 MAR.	1 065.40	218.52	639.33	168.08	39.47
四 月 APR.	1 125.06	223.07	683.31	176.76	41.91
五 月 MAY	1 062.83	226.95	623.46	167.39	45.04
六 月 JUNE	1 025.28	218.80	608.87	149.92	47.68
七 月 JULY	1 061.36	214.30	623.31	173.49	50.26
八 月 AUG.	1 095.54	230.78	640.85	175.58	48.34
九 月 SEP.	1 076.48	223.14	638.38	171.10	43.85
十 月 OCT.	1 131.87	253.67	653.25	175.04	49.91
十一月 NOV.	1 094.51	222.35	657.00	174.25	40.91
十二月 DEC.	1 158.70	238.70	668.37	202.56	49.07

资料来源：公安部。

SOURCE：MINISTRY OF PUBLIC SECURITY.

1-4 2014年各月入境旅游人数（按入境方式分）
MONTHLY VISITOR ARRIVALS BY MODE OF TRANSPORT 2014

单 位：万人次

UNIT：10000 PERSON-TIMES

月 份 MONTH	总 计 TOTAL	船舶 SEA	飞机 AIR	火车 RAIL	汽车 MOTOR	徒步 FOOT
全 年 WHOLE YEAR	**12 849.83**	**459.37**	**2 108.62**	**125.64**	**2 927.48**	**7 228.71**
一 月 JAN.	1 062.86	34.31	144.60	10.50	249.74	623.71
二 月 FEB.	889.95	32.42	152.44	8.65	198.57	497.87
三 月 MAR.	1 065.40	36.02	166.48	10.62	249.56	602.70
四 月 APR.	1 125.06	40.66	170.93	13.21	260.88	639.38
五 月 MAY	1 062.83	38.34	179.96	10.28	242.38	591.87
六 月 JUNE	1 025.28	40.28	175.27	9.76	236.71	563.25
七 月 JULY	1 061.36	40.95	173.81	10.08	241.91	594.61
八 月 AUG.	1 095.54	43.02	182.97	10.57	248.50	610.47
九 月 SEP.	1 076.48	37.70	181.97	10.20	244.61	601.99
十 月 OCT.	1 131.87	40.75	206.44	11.80	250.36	622.52
十一月 NOV.	1 094.51	36.26	173.18	9.72	248.89	626.47
十二月 DEC.	1 158.70	38.66	200.57	10.24	255.37	653.86

资料来源：公安部。

SOURCE：MINISTRY OF PUBLIC SECURITY.

1-5 2013~2014 年主要客源国入境旅游人数

FOREIGN VISITOR ARRIVALS FROM THE MAIN GENERATING COUNTRIES 2013—2014

单 位：万人次

UNIT：10000 PERSON-TIMES

国籍 NATIONALITY		2014年 2014	2013年 2013	2014年比2013年增长（%） GROWTH（%）
总计	**TOTAL**	**2 636.08**	**2 629.03**	**0.3**
其中	OF WHICH			
韩国	KOREA	418.17	396.90	5.4
日本	JAPAN	271.76	287.75	–5.6
俄罗斯	RUSSIA	204.58	218.63	–6.4
美国	U.S.A	209.32	208.53	0.4
越南	VIETNAM	170.94	136.54	25.2
马来西亚	MALAYSIA	112.96	120.65	–6.4
蒙古	MONGOLIA	108.27	105.00	3.1
菲律宾	PHILIPPINES	96.79	99.67	–2.9
新加坡	SINGAPORE	97.14	96.66	0.5
澳大利亚	AUSTRALIA	67.21	72.31	–7.1
加拿大	CANADA	66.71	68.42	–2.5
印度	INDIA	70.99	67.67	4.9
泰国	THAILAND	61.31	65.17	–5.9
德国	GERMANY	66.26	64.93	2.1
英国	UNITED KINGDOM	60.47	62.50	–3.2
印度尼西亚	INDONESIA	56.69	60.53	–6.4
法国	FRANCE	51.70	53.35	–3.1
哈萨克斯坦	KAZAKHSTAN	34.36	39.35	–12.7
意大利	ITALY	25.31	25.12	0.8
朝鲜	KOREA,D.P.REP.	18.44	20.66	–10.8

1-5（续 1）

国　籍 NATIONALITY	2014年 2014	2013年 2013	2014年比2013年增长（%） GROWTH（%）
荷　兰 NETHERLANDS	18.04	18.86	–4.3
瑞　典 SWEDEN	14.20	15.90	–10.7
缅　甸 MYNMAR	13.28	13.47	–1.4
西班牙 SPAIN	14.10	13.24	6.5
新西兰 NEW ZEALAND	12.66	12.86	–1.5
乌克兰 UKRAINE	11.81	12.19	–3.2
巴基斯坦 PAKISTAN	10.89	10.65	2.2
土耳其 TURKEY	10.62	10.39	2.1
巴　西 BRAZIL	9.46	9.58	–1.2
伊　朗 IRAN	11.37	8.89	27.9
丹　麦 DANMARK	7.76	8.14	–4.7
瑞　士 SWITZERLAND	7.95	8.06	–1.3
以色列 ISRAEL	7.85	7.97	–1.5
埃　及 EGYPT	8.39	7.44	12.7
波　兰 POLAND	7.61	7.16	6.3
南　非 SOUTH AFRICA	6.82	6.86	–0.6
比利时 BELGIUM	6.74	6.84	–1.5
奥地利 AUSTRIA	6.48	6.57	–1.3
芬　兰 FINLAND	6.03	6.57	–8.2
墨西哥 MEXICO	6.58	6.01	9.3
孟加拉国 BANGLADESH	6.98	5.89	18.5
尼泊尔 NEPAL	5.36	5.88	–8.8
乌兹别克斯坦 UZBKISTAN	6.30	5.77	9.2
挪　威 NORWAY	4.79	5.14	–7.0
吉尔吉斯斯坦 KYRGYZSTAN	5.04	4.99	1.0

1-6 2014年各月入境外国

MONTHLY FOREIGN VISITOR

国籍 NATIONALITY		一月 JAN.	二月 FEB.	三月 MAR.	四月 APR.	五月 MAY	六月 JUNE
总计	**TOTAL**	**189.44**	**176.37**	**218.52**	**223.07**	**226.95**	**218.80**
亚洲	**ASIA**	**113.47**	**112.93**	**133.02**	**134.29**	**140.96**	**136.71**
日本	JAPAN	21.26	21.91	22.77	19.41	22.23	21.89
韩国	KOREA	29.40	32.11	29.45	32.48	35.20	35.44
蒙古	MONGOLIA	8.77	4.37	8.12	9.66	10.14	10.53
印度尼西亚	INDONESIA	3.65	3.66	4.84	4.84	5.16	5.13
马来西亚	MALAYSIA	6.35	7.55	10.89	9.49	9.74	8.28
菲律宾	PHILIPPINES	8.03	6.85	7.87	8.17	8.50	8.26
新加坡	SINGAPORE	6.09	5.99	8.16	7.59	8.53	9.41
泰国	THAILAND	3.57	4.53	5.96	6.69	5.06	3.98
印度	INDIA	4.39	4.28	5.65	6.08	6.52	6.67
其他	OTHERS	21.95	21.68	29.31	29.89	29.88	27.11
欧洲	**EUROPE**	**41.74**	**34.11**	**46.27**	**47.94**	**47.27**	**44.58**
英国	UNITED KINGDOM	4.78	4.01	5.31	5.73	5.02	4.58
法国	FRANCE	3.97	3.75	4.26	4.73	4.68	3.86
德国	GERMANY	5.12	4.67	5.70	5.90	5.85	4.88
意大利	ITALY	1.84	1.72	2.04	2.12	2.20	2.00
瑞士	SWITZERLAND	0.57	0.47	0.58	0.74	0.71	0.63
瑞典	SWEDEN	1.49	1.07	1.27	1.36	1.13	1.08
荷兰	NETHERLANDS	1.37	1.12	1.38	1.58	1.55	1.31
俄罗斯	RUSSIA	15.28	10.61	17.55	16.77	17.85	18.36
其他	OTHERS	7.32	6.68	8.18	9.02	8.29	7.88
美洲	**AMERICA**	**23.99**	**21.40**	**27.08**	**27.47**	**26.86**	**26.33**
美国	U.S.A	15.83	14.33	18.09	18.11	18.23	19.17
加拿大	CANADA	5.84	4.78	6.19	5.42	5.72	4.73
其他	OTHERS	2.32	2.29	2.80	3.95	2.92	2.42
大洋洲	**OCEANIA**	**7.05**	**4.77**	**6.11**	**7.69**	**6.64**	**6.34**
澳大利亚	AUSTRALIA	5.93	3.98	5.14	6.44	5.48	5.20
新西兰	NEW ZEALAND	1.04	0.72	0.88	1.15	1.07	1.05
其他	OTHERS	0.08	0.08	0.09	0.09	0.09	0.09
非洲	**AFRICA**	**3.19**	**3.15**	**6.01**	**5.66**	**5.20**	**4.83**
其他	**OTHERS**	**0.02**	**0.01**	**0.01**	**0.02**	**0.01**	**0.01**

资料来源：公安部。
SOURCE：MINISTRY OF PUBLIC SECURITY.

游客人数（按国籍分）
ARRIVALS BY NATIONALITY 2014

单　位：万人次
UNIT：10000 PERSON-TIMES

七月 JULY	八月 AUG.	九月 SEP.	十月 OCT.	十一月 NOV.	十二月 DEC.	合计 TOTAL	占总数比重（%）P.C. TOTAL	比上年增长（%）GROWTH（%）
214.30	**230.78**	**223.14**	**253.67**	**222.35**	**238.70**	**2 636.08**	**100.0**	**0.3**
130.10	**143.64**	**137.78**	**152.67**	**141.66**	**158.93**	**1 636.15**	**62.1**	**1.7**
22.65	25.18	21.93	24.42	21.64	26.48	271.76	10.3	-5.6
36.14	40.49	36.93	41.39	33.51	35.64	418.17	15.9	5.4
8.33	12.54	8.50	8.95	9.73	8.63	108.27	4.1	3.1
5.96	4.30	4.75	5.02	4.13	5.23	56.69	2.2	-6.4
7.15	7.02	9.89	10.89	11.58	14.13	112.96	4.3	-6.4
8.08	8.53	7.63	8.23	7.70	8.94	96.79	3.7	-2.9
6.46	6.42	8.11	9.18	9.62	11.58	97.14	3.7	0.5
4.06	4.43	4.83	6.56	5.07	6.57	61.31	2.3	-5.9
5.96	6.11	6.31	6.80	5.78	6.43	70.99	2.7	4.9
25.31	28.62	28.88	31.23	32.90	35.31	342.08	13.0	10.8
48.29	**51.65**	**46.81**	**56.31**	**43.72**	**39.72**	**548.41**	**20.8**	**-3.1**
4.85	4.89	4.99	6.17	5.08	5.04	60.47	2.3	-3.3
4.14	4.56	3.84	5.43	4.14	4.36	51.70	2.0	-3.1
4.84	5.56	5.48	7.10	5.72	5.44	66.26	2.5	2.1
2.04	2.20	2.09	2.77	2.20	2.10	25.31	1.0	0.8
0.72	0.65	0.75	0.86	0.64	0.64	7.95	0.3	-1.3
0.86	0.88	1.00	1.52	1.21	1.32	14.20	0.5	-10.7
1.90	1.46	1.47	1.89	1.46	1.56	18.04	0.7	-4.3
20.96	22.92	18.70	20.02	14.74	10.83	204.58	7.8	-6.4
7.99	8.53	8.50	10.56	8.53	8.42	99.88	3.8	1.2
25.85	**23.85**	**24.98**	**31.14**	**25.26**	**26.44**	**310.65**	**11.8**	**-0.6**
17.68	15.90	16.65	20.44	16.86	18.02	209.32	7.9	0.4
5.53	5.00	5.32	6.44	5.74	6.00	66.71	2.5	-2.5
2.64	2.94	3.01	4.26	2.66	2.42	34.63	1.3	-2.3
5.99	**6.03**	**7.77**	**7.60**	**6.42**	**8.61**	**81.01**	**3.1**	**-6.2**
4.85	4.86	6.46	6.34	5.35	7.19	67.21	2.6	-7.1
1.05	1.04	1.20	1.17	0.98	1.32	12.66	0.5	-1.5
0.09	0.13	0.11	0.09	0.09	0.09	1.14	0.0	-2.8
4.07	**5.60**	**5.79**	**5.93**	**5.27**	**4.99**	**59.69**	**2.3**	**8.0**
0.01	**0.01**	**0.02**	**0.02**	**0.02**	**0.02**	**0.18**	**0.0**	**-16.5**

1-7 2010~2014 年入境外国游客人数（按国籍分）

ANNUAL FOREIGN VISITOR ARRIVALS BY NATIONALITY 2010—2014

单　位：万人次

UNIT：10000 PERSON-TIMES

国　籍 NATIONALITY		2010年 2010	2011年 2011	2012年 2013	2013年 2013	2014年 2014
总　计	**TOTAL**	**2 612.69**	**2 711.20**	**2 719.16**	**2 629.03**	**2 636.08**
亚　洲	**ASIA**	**1 620.37**	**1 665.02**	**1 664.88**	**1 608.83**	**1 636.15**
日　本	JAPAN	373.12	365.82	351.82	287.75	271.76
韩　国	KOREA	407.64	418.54	406.99	396.90	418.17
蒙　古	MONGOLIA	79.44	99.42	101.05	105.00	108.27
印度尼西亚	INDONESIA	57.34	60.87	62.20	60.53	56.69
马来西亚	MALAYSIA	124.52	124.51	123.55	120.65	112.96
菲律宾	PHILIPPINES	82.83	89.43	96.20	99.67	96.79
新加坡	SINGAPORE	100.37	106.30	102.77	96.66	97.14
泰　国	THAILAND	63.55	60.80	64.76	65.17	61.31
印　度	INDIA	54.93	60.65	61.02	67.67	70.99
其　他	OTHERS	276.64	278.69	294.53	308.83	342.08
欧　洲	**EUROPE**	**567.28**	**591.08**	**592.16**	**566.00**	**548.41**
英　国	UNITED KINGDOM	57.50	59.57	61.84	62.50	60.47
法　国	FRANCE	51.27	49.31	52.48	53.35	51.70
德　国	GERMANY	60.86	63.70	65.96	64.93	66.26
意大利	ITALY	22.92	23.50	25.20	25.12	25.31
瑞　士	SWITZERLAND	7.43	7.53	8.28	8.06	7.95
瑞　典	SWEDEN	15.45	17.01	17.16	15.90	14.20
荷　兰	NETHERLANDS	18.91	19.75	19.55	18.86	18.04
俄罗斯	RUSSIA	237.03	253.63	242.62	218.63	204.58
其　他	OTHERS	95.90	97.06	99.08	98.67	99.88
美　洲	**AMERICA**	**299.54**	**320.10**	**317.95**	**312.38**	**310.65**
美　国	U.S.A	200.96	211.61	211.81	208.53	209.32
加拿大	CANADA	68.53	74.80	70.83	68.42	66.71
其　他	OTHERS	30.05	33.69	35.32	35.44	34.63
大洋洲	**OCEANIA**	**78.93**	**85.93**	**91.49**	**86.34**	**81.01**
澳大利亚	AUSTRALIA	66.13	72.62	77.43	72.31	67.21
新西兰	NEW ZEALAND	11.61	12.09	12.83	12.86	12.66
其　他	OTHERS	1.19	1.22	1.23	1.17	1.14
非　洲	**AFRICA**	**46.36**	**48.88**	**52.49**	**55.27**	**59.69**
其　他	**OTHERS**	**0.21**	**0.19**	**0.19**	**0.22**	**0.18**

资料来源：公安部。

SOURCE：MINISTRY OF PUBLIC SECURITY.

二、入境外国游客主要特征

2. MAJOR PROFILE OF FOREIGN VISITOR ARRIVALS

2-1 2013~2014年入境外国游客人数
（按年龄、性别、目的和入境方式分）
FOREIGN VISITOR ARRIVALS BY AGE, SEX, PURPOSE & MODE OF TRANSPORT 2013—2014

单 位：万人次

UNIT：10000 PERSON-TIMES

项 目 ITEM	2014年 2014	占总人数比重(%) P.C. TOTAL	2013年 2013	占总人数比重(%) P.C. TOTAL
总 计 TOTAL	**2 636.08**	**100.0**	**2 629.03**	**100.0**
14岁及以下 UNDER 14	103.92	3.9	107.89	4.1
15~24岁 15-24	204.78	7.8	206.65	7.9
25~44岁 25-44	1 210.24	45.9	1 209.16	46.0
45~64岁 45-64	961.00	36.5	950.54	36.2
65岁及以上 OVER 65	156.13	5.9	154.78	5.9
男 性 MALE	1 709.51	64.9	1 702.07	64.7
女 性 FEMALE	926.57	35.1	926.96	35.3
会议/商务 MEETING/BUSINESS	539.57	20.5	619.40	23.6
观光休闲 SIGHTSEEING/LEISURE	892.99	33.9	1 012.30	38.5
探亲访友 VISITING RELATIVES & FRIENDS	60.33	2.3	19.91	0.8
服务员工 WORKERS & CREWS	328.54	12.5	319.53	12.2
其 他 OTHERS	814.66	30.9	657.89	25.0
船 舶 SEA	252.35	9.6	261.39	9.9
飞 机 AIR	1 578.77	59.9	1 575.21	59.9
火 车 RAIL	49.07	1.9	54.69	2.1
汽 车 MOTOR	342.49	13.0	353.29	13.4
徒 步 FOOT	413.40	15.7	384.46	14.6

资料来源：公安部。

SOURCE：MINISTRY OF PUBLIC SECURITY.

2-2 2014年各月入境外国
MONTHLY FOREIGN VISITOR

月份 MONTH	合计 TOTAL	会议/商务 MEETING/BUSINESS
全 年 WHOLE YEAR	**2 636.08**	**539.57**
一 月 JAN.	189.44	37.80
二 月 FEB.	176.37	35.52
三 月 MAR.	218.52	48.88
四 月 APR.	223.07	47.73
五 月 MAY	226.95	47.37
六 月 JUNE	218.80	46.26
七 月 JULY	214.30	43.63
八 月 AUG.	230.78	42.58
九 月 SEP.	223.14	44.70
十 月 OCT.	253.67	53.69
十一月 NOV.	222.35	47.89
十二月 DEC.	238.70	43.53

资料来源：公安部。
SOURCE：MINISTRY OF PUBLIC SECURITY.

游客人数（按目的分）

ARRIVALS BY PURPOSE 2014

单　位：万人次

UNIT：10000 PERSON-TIMES

观光休闲 SIGHTSEEING/ LEISURE	探亲访友 VISITING RELATIVES& FRIENDS	服务员工 WORKERS & CREWS	其　他 OTHERS
892.99	**60.33**	**328.54**	**814.66**
55.71	5.24	25.92	64.77
51.70	3.39	22.04	63.72
75.99	4.28	26.33	63.03
82.98	4.73	25.51	62.12
79.54	4.54	28.11	67.38
75.09	5.43	28.38	63.63
74.05	6.38	28.49	61.75
75.46	5.27	29.89	77.59
79.93	5.35	27.58	65.60
92.72	4.88	27.96	74.43
73.81	4.52	26.72	69.41
76.01	6.33	31.61	81.22

2-3 2014 年各月入境外国游客人数（按年龄和性别分）

MONTHLY FOREIGN VISITOR ARRIVALS BY AGE & SEX 2014

单 位：万人次

UNIT：10000 PERSON-TIMES

月 份 MONTH	合 计 TOTAL	年 龄 AGE					性 别 SEX	
		14岁及以下 UNDER 14	15~24岁 15-24	25~44岁 25-44	45~64岁 45-64	65岁及以上 OVER 65	男 性 MALE	女 性 FEMALE
全 年 WHOLE YEAR	**2 636.08**	**103.92**	**204.78**	**1 210.24**	**961.00**	**156.13**	**1 709.51**	**926.57**
一 月 JAN.	189.44	9.80	15.62	90.83	64.77	8.41	122.50	66.94
二 月 FEB.	176.37	7.97	16.59	82.19	61.29	8.33	117.26	59.11
三 月 MAR.	218.52	6.30	15.69	101.51	80.78	14.23	144.51	74.01
四 月 APR.	223.07	7.72	14.25	102.51	83.44	15.14	144.40	78.67
五 月 MAY	226.95	7.25	14.81	105.04	85.16	14.68	146.78	80.16
六 月 JUNE	218.80	9.76	17.18	99.73	79.89	12.23	142.64	76.15
七 月 JULY	214.30	12.00	20.60	95.74	75.55	10.41	136.29	78.02
八 月 AUG.	230.78	13.54	24.14	104.59	77.89	10.62	144.67	86.11
九 月 SEP.	223.14	5.93	17.57	99.89	83.66	16.09	143.12	80.03
十 月 OCT.	253.67	7.57	14.78	113.46	98.73	19.13	164.17	89.50
十一月 NOV.	222.35	5.85	13.67	103.53	84.76	14.53	146.89	75.45
十二月 DEC.	238.70	10.23	19.86	111.22	85.07	12.32	156.28	82.42

资料来源：公安部。

SOURCE：MINISTRY OF PUBLIC SECURITY.

2-4　2014年各月入境外国游客人数
（按入境方式分）
MONTHLY FOREIGN VISITOR ARRIVALS BY MODE OF TRANSPORT 2014

单　位：万人次
UNIT：10000 PERSON-TIMES

月　份 MONTH	总　计 TOTAL	船舶 SEA	飞机 AIR	火车 RAIL	汽车 MOTOR	徒步 FOOT
全　年 **WHOLE YEAR**	**2 636.08**	**252.35**	**1 578.77**	**49.07**	**342.49**	**413.40**
一　月　JAN.	189.44	18.36	109.49	3.54	27.77	30.28
二　月　FEB.	176.37	16.14	110.82	3.11	20.03	26.28
三　月　MAR.	218.52	20.45	128.54	4.27	31.17	34.08
四　月　APR.	223.07	19.42	130.06	5.32	31.76	36.51
五　月　MAY	226.95	22.02	134.95	4.20	29.59	36.19
六　月　JUNE	218.80	23.45	129.17	3.97	29.43	32.77
七　月　JULY	214.30	23.44	124.96	3.76	28.26	33.89
八　月　AUG.	230.78	24.32	135.91	4.22	32.73	33.60
九　月　SEP.	223.14	21.63	137.96	3.99	26.75	32.81
十　月　OCT.	253.67	23.61	156.72	5.53	31.19	36.62
十一月　NOV.	222.35	20.05	131.53	3.76	28.10	38.91
十二月　DEC.	238.70	19.47	148.66	3.40	25.70	41.47

资料来源：公安部。
SOURCE：MINISTRY OF PUBLIC SECURITY.

2-5 2014年入境外国游客
FOREIGN VISITOR ARRIVALS

国籍 NATIONALITY		合计 TOTAL	会议/商务 MEETING/BUSINESS
总计	**TOTAL**	**2 636.08**	**539.57**
亚洲	**ASIA**	**1 636.15**	**300.51**
日本	JAPAN	271.76	83.58
韩国	KOREA	418.17	104.15
蒙古	MONGOLIA	108.27	9.38
印度尼西亚	INDONESIA	56.69	2.43
马来西亚	MALAYSIA	112.96	13.01
菲律宾	PHILIPPINES	96.79	3.00
新加坡	SINGAPORE	97.14	20.13
泰国	THAILAND	61.31	3.99
印度	INDIA	70.99	18.29
其他	OTHERS	342.08	42.54
欧洲	**EUROPE**	**548.41**	**147.70**
英国	UNITED KINGDOM	60.47	15.52
法国	FRANCE	51.70	9.50
德国	GERMANY	66.26	21.69
意大利	ITALY	25.31	6.54
瑞士	SWITZERLAND	7.95	1.89
瑞典	SWEDEN	14.20	3.48
荷兰	NETHERLANDS	18.04	4.51
俄罗斯	RUSSIA	204.58	62.30
其他	OTHERS	99.88	22.27
美洲	**AMERICA**	**310.65**	**55.91**
美国	U.S.A	209.32	40.17
加拿大	CANADA	66.71	8.21
其他	OTHERS	34.63	7.53
大洋洲	**OCEANIA**	**81.01**	**14.46**
澳大利亚	AUSTRALIA	67.21	11.76
新西兰	NEW ZEALAND	12.66	2.48
其他	OTHERS	1.14	0.21
非洲	**AFRICA**	**59.69**	**20.97**
其他	**OTHERS**	**0.18**	**0.02**

资料来源：公安部。
SOURCE：MINISTRY OF PUBLIC SECURITY.

人数（按国籍和目的分）

BY NATIONALITY & PURPOSE 2014

单　位：万人次

UNIT：10000 PERSON-TIMES

观光休闲 SIGHTSEEING/ LEISURE	探亲访友 VISITING RELATIVES & FRIENDS	服务员工 WORKERS & CREWS	其　他 OTHERS
892.99	**60.33**	**328.54**	**814.66**
541.32	**15.73**	**238.75**	**539.84**
44.52	4.65	11.61	127.41
185.34	2.42	40.49	85.77
4.88	0.05	23.57	70.38
37.33	0.27	11.14	5.51
75.24	0.89	9.62	14.20
20.04	0.23	62.32	11.21
29.60	4.58	6.48	36.35
36.21	0.22	13.04	7.85
18.17	0.29	14.24	19.99
89.98	2.13	46.25	161.18
194.79	**9.07**	**61.80**	**135.06**
19.04	1.97	4.24	19.70
16.91	1.11	3.55	20.62
13.12	1.82	4.14	25.50
8.56	0.26	2.04	7.91
2.73	0.22	0.74	2.37
3.13	0.66	0.70	6.22
4.83	0.82	1.88	6.00
97.05	0.36	25.91	18.96
29.42	1.84	18.58	27.78
113.29	**25.90**	**18.75**	**96.80**
80.15	11.98	13.36	63.65
19.46	12.71	3.05	23.28
13.68	1.21	2.33	9.87
27.57	**9.22**	**3.66**	**26.10**
23.99	7.70	2.73	21.02
3.29	1.44	0.65	4.80
0.29	0.08	0.27	0.28
15.96	**0.40**	**5.57**	**16.79**
0.07	**0.01**	**0.01**	**0.07**

2-6 2014年入境外国游客
FOREIGN VISITOR ARRIVALS

国籍	NATIONALITY	合计 TOTAL	年龄 14岁及以下 UNDER 14	15~24岁 15-24
总计	**TOTAL**	**2 636.08**	**103.92**	**204.78**
亚洲	**ASIA**	**1 636.15**	**51.98**	**130.73**
日本	JAPAN	271.76	9.82	8.48
韩国	KOREA	418.17	15.83	27.70
蒙古	MONGOLIA	108.27	3.98	9.53
印度尼西亚	INDONESIA	56.69	1.99	6.01
马来西亚	MALAYSIA	112.96	4.65	7.75
菲律宾	PHILIPPINES	96.79	1.41	7.44
新加坡	SINGAPORE	97.14	5.09	5.74
泰国	THAILAND	61.31	1.34	5.06
印度	INDIA	70.99	2.03	5.90
其他	OTHERS	342.08	5.83	47.12
欧洲	**EUROPE**	**548.41**	**21.87**	**43.52**
英国	UNITED KINGDOM	60.47	2.61	4.20
法国	FRANCE	51.70	2.94	4.25
德国	GERMANY	66.26	2.46	4.16
意大利	ITALY	25.31	0.63	1.41
瑞士	SWITZERLAND	7.95	0.30	0.51
瑞典	SWEDEN	14.20	0.86	1.34
荷兰	NETHERLANDS	18.04	0.82	1.29
俄罗斯	RUSSIA	204.58	8.25	18.52
其他	OTHERS	99.88	3.00	7.84
美洲	**AMERICA**	**310.65**	**22.27**	**21.34**
美国	U.S.A	209.32	13.89	13.69
加拿大	CANADA	66.71	5.96	4.67
其他	OTHERS	34.63	2.42	2.97
大洋洲	**OCEANIA**	**81.01**	**6.78**	**5.68**
澳大利亚	AUSTRALIA	67.21	5.39	4.68
新西兰	NEW ZEALAND	12.66	1.34	0.88
其他	OTHERS	1.14	0.04	0.12
非洲	**AFRICA**	**59.69**	**1.03**	**3.51**
其他	**OTHERS**	**0.18**	**0.00**	**0.01**

资料来源：公安部。
SOURCE: MINISTRY OF PUBLIC SECURITY.

人数（按国籍、年龄和性别分）

BY NATIONALITY, AGE & SEX 2014

单　位：万人次

UNIT：10000 PERSON-TIMES

AGE			性　别　SEX	
25~44岁 25-44	45~64岁 45-64	65岁及以上 OVER 65	男　性 MALE	女　性 FEMALE
1 210.24	**961.00**	**156.13**	**1 709.51**	**926.57**
793.85	**569.93**	**89.67**	**1 086.19**	**549.97**
109.19	123.66	20.62	219.62	52.14
164.13	175.35	35.16	261.73	156.44
65.72	28.05	0.99	63.85	44.42
28.58	16.43	3.68	30.90	25.79
51.02	41.44	8.09	69.41	43.54
61.32	25.05	1.57	74.59	22.20
34.92	42.91	8.48	61.97	35.17
30.73	20.06	4.11	30.04	31.27
43.98	17.13	1.95	60.00	10.99
204.27	79.84	5.01	214.08	127.99
248.64	**206.37**	**28.00**	**336.08**	**212.32**
23.41	25.64	4.59	42.19	18.28
23.72	17.53	3.26	34.15	17.55
27.40	28.73	3.51	48.96	17.30
12.10	9.72	1.45	19.39	5.92
3.04	3.39	0.71	5.55	2.40
5.50	5.51	0.98	9.29	4.91
7.08	7.76	1.10	12.39	5.65
95.99	73.54	8.29	93.95	110.63
50.41	34.54	4.10	70.20	29.68
102.12	**134.67**	**30.26**	**194.95**	**115.70**
63.02	95.79	22.92	134.19	75.12
21.67	28.55	5.85	38.11	28.60
17.42	10.33	1.49	22.65	11.97
27.75	**33.44**	**7.36**	**49.37**	**31.63**
23.03	27.75	6.35	40.92	26.29
4.18	5.28	0.97	7.65	5.01
0.54	0.41	0.04	0.80	0.34
37.81	**16.50**	**0.84**	**42.80**	**16.89**
0.07	**0.09**	**0.01**	**0.12**	**0.06**

2-7 2014年入境外国游客人数（按国籍和入境方式分）

FOREIGN VISITOR ARRIVALS BY NATIONALITY & MODE OF TRANSPORT 2014

单 位：万人次

UNIT：10000 PERSON-TIMES

国 籍 NATIONALITY	总计 TOTAL	船舶 SEA	飞机 AIR	火车 RAIL	汽车 MOTOR	徒步 FOOT
总 计 TOTAL	**2 636.08**	**252.35**	**1 578.77**	**49.07**	**342.49**	**413.40**
亚 洲 ASIA	**1 636.15**	**173.94**	**945.67**	**25.33**	**175.70**	**315.51**
日 本 JAPAN	271.76	11.11	206.06	3.47	20.08	31.04
韩 国 KOREA	418.17	37.77	342.08	2.02	10.93	25.37
蒙 古 MONGOLIA	108.27	0.05	8.88	7.03	88.39	3.93
印度尼西亚 INDONESIA	56.69	10.76	26.07	1.16	7.03	11.67
马来西亚 MALAYSIA	112.96	4.18	82.50	1.13	7.06	18.09
菲 律 宾 PHILIPPINES	96.79	59.99	21.52	0.65	3.95	10.68
新 加 坡 SINGAPORE	97.14	3.50	68.89	1.15	6.77	16.82
泰 国 THAILAND	61.31	2.24	46.47	0.40	3.06	9.14
印 度 INDIA	70.99	15.93	33.92	1.52	5.74	13.88
其 他 OTHERS	342.08	28.42	109.28	6.80	22.68	174.89
欧 洲 EUROPE	**548.41**	**59.13**	**307.88**	**12.47**	**126.12**	**42.81**
英 国 UNITED KINGDOM	60.47	3.86	41.85	1.88	5.01	7.86
法 国 FRANCE	51.70	2.03	41.12	1.20	3.44	3.92
德 国 GERMANY	66.26	2.61	56.59	0.91	3.03	3.13
意 大 利 ITALY	25.31	2.22	18.85	0.58	1.75	1.92
瑞 士 SWITZERLAND	7.95	0.29	6.45	0.21	0.47	0.54
瑞 典 SWEDEN	14.20	0.63	12.05	0.23	0.53	0.76
荷 兰 NETHERLANDS	18.04	0.65	13.99	0.46	1.15	1.79
俄 罗 斯 RUSSIA	204.58	31.73	47.28	5.22	106.30	14.05
其 他 OTHERS	99.88	15.11	69.71	1.78	4.45	8.84
美 洲 AMERICA	**310.65**	**13.31**	**223.06**	**7.29**	**30.56**	**36.43**
美 国 U.S.A	209.32	8.50	156.42	3.77	19.63	21.00
加 拿 大 CANADA	66.71	2.93	44.05	1.95	7.49	10.29
其 他 OTHERS	34.63	1.88	22.59	1.57	3.45	5.13
大 洋 洲 OCEANIA	**81.01**	**4.26**	**54.37**	**2.48**	**7.51**	**12.39**
澳大利亚 AUSTRALIA	67.21	3.43	45.37	2.01	6.14	10.26
新 西 兰 NEW ZEALAND	12.66	0.54	8.55	0.44	1.20	1.93
其 他 OTHERS	1.14	0.29	0.46	0.03	0.16	0.21
非 洲 AFRICA	**59.69**	**1.69**	**47.70**	**1.51**	**2.58**	**6.21**
其 他 OTHERS	**0.18**	**0.02**	**0.08**	**0.00**	**0.02**	**0.06**

资料来源：公安部。

SOURCE：MINISTRY OF PUBLIC SECURITY.

三、国际旅游（外汇）收入

3. INTERNATIONAL TOURISM RECEIPTS

3-1 1978~2014 年国际旅游（外汇）收入

INTERNATIONAL TOURISM RECEIPTS 1978—2014

年份 YEAR	国际旅游（外汇）收入（亿美元） TOURISM RECEIPTS（100Mn. US $）	发展指数（1978年为100） INDICES（1978=100）	比上年增长（%） GROWTH（%）
1978	2.63	100.00	—
1979	4.49	170.90	70.9
1980	6.17	234.60	37.3
1981	7.85	298.60	27.3
1982	8.43	320.70	7.4
1983	9.41	358.00	11.6
1984	11.31	430.30	20.2
1985	12.50	475.50	10.5
1986	15.31	582.30	22.5
1987	18.62	708.10	21.6
1988	22.47	854.60	20.7
1989	18.60	707.70	-17.2
1990	22.18	843.50	19.2
1991	28.45	1 082.10	28.3
1992	39.47	1 501.30	38.7
1993	46.83	1 781.40	18.7
1994	73.23	2 785.40	*
1995	87.33	3 321.70	19.3

注：*由于国家外汇管理体制变化，1994年国际旅游（外汇）收入统计方法也做了相应的改革，采用了与国际接轨的办法，与往年不能简单对比。

NOTE：*BECAUSE OF THE REFORM IN THE FOREIGN CURRENCY CONTROL SYSTEM，THE METHOD OF CALCULATING TOURISM RECEIPTS IN 1994 HAS ALSO BEEN ADJUSTED AND THE INTERNATIONAL STANDARD IS ADOPTED. IT IS NOT PROPER TO MAKE SIMPLE COMPARISON WITH THE FIGURES OF PREVIOUS YEARS.

3-1（续1）

年份 YEAR	国际旅游（外汇）收入 （亿美元） TOURISM RECEIPTS（100Mn. US $）	发展指数 （1978年为100） INDICES（1978=100）	比上年增长 （%） GROWTH（%）
1996	102.00	3 879.98	16.8
1997	120.74	4 592.67	18.4
1998	126.02	4 793.36	4.4
1999	140.99	5 362.70	11.9
2000	162.24	6 171.17	15.1
2001	177.92	6 767.59	9.7
2002	203.85	7 753.90	14.6
2003	174.06	6 620.82	–14.6
2004	257.39	9 790.35	47.9
2005	292.96	11 143.38	13.8
2006	339.49	12 913.28	15.9
2007	419.19	15 944.81	23.5
2008	408.43	15 535.43	–2.6
2009	396.75	15 091.29	–2.9
2010	458.14	17 419.77	15.5
2011	484.64	18 434.33	5.8
2012	500.28	19 029.29	3.2
2013	516.64	19 651.40	3.3
2014	1 053.80	*	*

注：*由于2014年国际旅游（外汇）收入统计口径有所调整，数据不能与往年简单对比。详见“关于《2014年中国旅游业统计公报》修订和新增数据的说明”。

NOTE：*DUE TO THE CHANGE OF STATISTICAL SCOPE IN 2014, IT IS NOT PROPER TO MAKE SIMPLE COMPARISON WITH THE FIGURES OF PREVIOUS YEARS. SEE EXPLANATION OF AMENDED AND ADDED DATA IN THE STATISTICAL REPORT ON CHINA'S TOURISM INDUSTRY IN 2014.

3-2　2014 年国际旅游（外汇）收入构成
BREAKDOWN OF INTERNATIONAL TOURISM RECEIPTS 2014

单　位：亿美元
UNIT：100 MILLION. US $

	入境旅游收入 TOURISM RECEIPTS	占总收入比重（%） P.C. TOTAL
总　计　TOTAL	**569.13**	**100.0**
一、长途交通 LONG-DISTANCE TRANSPORTATION	195.95	34.4
1.民航　AIR	145.79	25.6
2.铁路　RAIL	20.90	3.7
3.汽车　MOTOR	15.68	2.8
4.轮船　SEA	13.59	2.4
二、住宿　ACCOMMODATION	69.50	12.2
三、餐饮　FOOD & BEVERAGE	48.28	8.5
四、游览　SIGHTSEEING	32.54	5.7
五、娱乐　ENTERTAINMENT	36.74	6.5
六、商品销售　SHOPPING	113.28	19.9
七、市内交通　LOCAL TRANSPORTATION	16.04	2.8
八、邮电通信　COMMUNICATION	11.04	1.9
九、其他服务　OTHERS	45.77	8.0

说明：上述数据为在华（内地）停留时间在三个月以内的入境游客抽样调查数据。
NOTE: THE ABOVE DATA ARE SAMPLE SURVEY DATA ON INBOUND VISITORS WHO STAY IN MAINLAND CHINA FOR LESS THAN 3 MONTHS.

3-3 2014年各月国际旅游（外汇）收入

MONTHLY OF INTERNATIONAL TOURISM RECEIPTS 2014

单 位：亿美元

UNIT：100 MILLION. US $

月 份 MONTH	总 计 TOTAL	外国人 FOREIGNERS	香港同胞 HONG KONG COMPATRIOTS	澳门同胞 MACAO COMPATRIOTS	台湾同胞 TAIWAN COMPATRIOTS
全 年 WHOLE YEAR	**569.13**	**351.26**	**115.23**	**33.44**	**69.20**
一 月 JAN.	42.14	24.90	9.87	3.02	4.35
二 月 FEB.	39.76	23.49	7.96	2.33	5.97
三 月 MAR.	46.70	29.24	9.66	2.72	5.08
四 月 APR.	48.70	30.05	10.36	2.87	5.42
五 月 MAY	48.20	30.27	9.42	2.71	5.81
六 月 JUNE	46.76	28.97	9.19	2.43	6.17
七 月 JULY	47.01	28.30	9.39	2.81	6.50
八 月 AUG.	49.38	30.60	9.68	2.84	6.25
九 月 SEP.	47.85	29.77	9.65	2.77	5.65
十 月 OCT.	53.54	34.34	9.92	2.84	6.45
十一月 NOV.	47.81	29.77	9.97	2.82	5.25
十二月 DEC.	51.28	31.55	10.15	3.28	6.30

说明：上述数据为在华（内地）停留时间在三个月以内的入境游客抽样调查数据。

NOTE: THE ABOVE DATA ARE SAMPLE SURVEY DATA ON INBOUND VISITORS WHO STAY IN MAINLAND CHINA FOR LESS THAN 3 MONTHS.

3-4 2014年入境过夜游客人均天花费情况（按地区分）

THE AVERAGE DAILY PER CAPITA EXPENDITURE BY INTERNATIONAL TOURISTS 2014

地区 LOCALITY	人均天花费（美元/人天）（US $ /DAILY PER CAPITA）AVERAGE EXPENDITURE	外国人 FOREIGN-ERS	香港同胞 HONGKONG COMPATRIOTS	澳门同胞 MACAO COMPATRIOTS	台湾同胞 TAIWAN COMPATRIOTS
北　京 BEIJING	254.23	257.90	242.22	255.32	202.08
天　津 TIANJIN	213.77	214.40	222.37	199.46	205.15
河　北 HEBEI	168.30	161.76	205.00	187.51	194.36
山　西 SHANXI	175.24	179.34	160.84	133.88	159.74
内蒙古 INNER MONGOLIA	196.24	196.75	185.07	198.03	200.40
辽　宁 LIAONING	208.28	205.96	232.45	222.74	213.86
吉　林 JILIN	179.58	173.34	239.46	215.60	197.78
黑龙江 HEILONGJIANG	196.61	201.49	211.69	291.83	160.44
上　海 SHANGHAI	268.70	263.46	299.52	281.61	297.79
江　苏 JIANGSU	229.36	229.52	229.35	219.02	229.97
浙　江 ZHEJIANG	216.90	218.75	206.52	217.04	211.88
安　徽 ANHUI	193.44	193.99	188.11	181.86	191.51
福　建 FUJIAN	198.55	206.22	211.70	178.78	176.30
江　西 JIANGXI	169.44	167.65	170.23	176.90	171.74
山　东 SHANDONG	204.86	209.95	199.95	169.93	190.15
河　南 HENAN	160.21	168.63	134.45	167.43	131.22
湖　北 HUBEI	192.34	199.33	187.31	153.36	185.88
湖　南 HUNAN	193.60	195.77	185.41	149.80	182.93
广　东 GUANGDONG	176.40	186.83	159.91	143.58	184.51
广　西 GUANGXI	189.74	197.21	183.05	165.62	180.76
海　南 HAINAN	179.59	181.72	162.45	171.87	179.99
重　庆 CHONGQING	190.19	199.30	174.95	174.15	153.78
四　川 SICHUAN	185.59	187.70	186.81	183.97	173.80
贵　州 GUIZHOU	180.65	208.16	157.70	148.45	147.06
云　南 YUNNAN	203.05	203.12	190.24	212.07	218.45
西　藏 TIBET	197.67	198.62	189.82	191.97	189.89
陕　西 SHAANXI	188.14	195.15	137.05	106.26	169.83
甘　肃 GANSU	160.40	160.69	168.66	158.00	152.15
青　海 QINGHAI	159.19	151.08	215.97	161.72	170.79
宁　夏 NINGXIA	166.11	164.23	178.05	98.54	217.04
新　疆 XINJIANG	176.49	176.69	171.88	196.31	168.96

资料来源：2014年“入境游客花费情况抽样调查”。

说明：上述数据为在华（内地）停留时间在三个月以内的入境游客抽样调查数据。

SOURCE：THE 2014 SAMPLING OF EXPENDITURES BY INBOUND VISITORS IN CHINA.

NOTE：THE ABOVE DATA ARE SAMPLE SURVEY DATA ON INBOUND VISITORS WHO STAY IN MAINLAND CHINA FOR LESS THAN 3 MONTHS.

3-5 2014 年入境过夜游客

BREAKDOWN OF THE AVERAGE DAILY PER CAPITA

地 区 LOCALITY	人均天花费（美元/人天）EXPENDITURE（US $ /DAILY PER CAPITA）	人均天消费构成（%）		
		长途交通 LONG-DISTANCE TRANSPORTATION	游 览 SIGHTSEEING	住 宿 ACCOMMO-DATION
北 京 BEIJING	254.23	27.0	16.7	7.4
天 津 TIANJIN	213.77	34.7	12.6	8.2
河 北 HEBEI	168.30	32.2	13.6	8.6
山 西 SHANXI	175.24	30.2	11.7	6.8
内蒙古 INNER MONGOLIA	196.24	24.1	10.3	7.5
辽 宁 LIAONING	208.28	29.9	12.4	10.0
吉 林 JILIN	179.58	32.4	10.6	5.0
黑龙江 HEILONGJIANG	196.61	30.1	12.1	6.1
上 海 SHANGHAI	268.70	34.3	14.9	7.2
江 苏 JIANGSU	229.36	34.1	16.7	7.9
浙 江 ZHEJIANG	216.90	34.0	14.5	7.9
安 徽 ANHUI	193.44	36.8	9.9	7.5
福 建 FUJIAN	198.55	33.9	12.3	7.6
江 西 JIANGXI	169.44	32.4	10.1	7.8
山 东 SHANDONG	204.86	36.1	11.9	6.2
河 南 HENAN	160.21	32.4	10.6	4.6
湖 北 HUBEI	192.34	38.2	11.9	4.6
湖 南 HUNAN	193.60	31.6	9.1	6.5
广 东 GUANGDONG	176.40	36.8	13.2	8.3
广 西 GUANGXI	189.74	35.2	10.5	5.6
海 南 HAINAN	179.59	25.8	17.1	9.4
重 庆 CHONGQING	190.19	34.3	10.4	5.1
四 川 SICHUAN	185.59	31.2	13.0	7.5
贵 州 GUIZHOU	180.65	27.6	11.0	7.5
云 南 YUNNAN	203.05	30.2	13.3	8.8
西 藏 TIBET	197.67	33.7	11.8	6.0
陕 西 SHAANXI	188.14	37.3	13.5	6.2
甘 肃 GANSU	160.40	36.6	14.2	8.7
青 海 QINGHAI	159.19	29.3	12.0	6.4
宁 夏 NINGXIA	166.11	31.5	17.6	7.0
新 疆 XINJIANG	176.49	39.4	11.9	7.3

资料来源：2014年“入境游客花费情况抽样调查”。

说明：上述数据为在华（内地）停留时间在三个月以内的入境游客抽样调查数据。

SOURCE：THE 2014 SAMPLING OF EXPENDITURES BY INBOUND VISITORS IN CHINA.

NOTE：THE ABOVE DATA ARE SAMPLE SURVEY DATA ON INBOUND VISITORS WHO STAY IN MAINLAND CHINA FOR LESS THAN 3 MONTHS.

人均天花费构成

EXPENDITURE BY INTERNATIONAL TOURISTS 2014

BREAKDOWN OF EXPENDITURE（%）					
餐 饮 FOOD & BEVERAGE	购 物 SHOPPING	娱 乐 ENTER-TAINMENT	邮电通信 COMMU-NICATION	市内交通 LOCAL TRANS-PORTATION	其他服务 OTHERS
4.3	4.0	26.7	2.6	1.7	9.6
4.3	3.4	24.3	2.4	2.3	7.8
6.1	5.6	19.6	2.6	2.5	9.2
6.7	3.0	27.4	1.1	3.8	9.3
3.5	5.3	33.8	2.8	2.5	10.2
5.9	6.0	22.4	1.8	2.2	9.4
5.1	3.9	28.8	2.0	1.8	10.4
8.5	2.4	27.3	1.2	2.2	10.1
3.8	7.1	20.9	3.3	1.5	7.0
5.3	7.4	18.2	2.3	2.1	6.0
4.5	6.5	18.2	3.0	2.4	9.0
4.8	7.0	20.0	1.8	2.9	9.3
3.2	7.9	22.0	2.0	2.0	9.1
5.8	5.3	29.3	2.3	2.2	4.8
3.9	8.1	22.1	2.4	2.1	7.2
5.9	5.6	24.8	4.6	3.1	8.4
3.9	6.6	22.8	1.8	2.5	7.7
6.5	4.5	27.0	2.6	2.8	9.4
4.8	8.0	19.1	1.8	1.3	6.7
6.2	5.5	23.4	2.8	1.7	9.1
4.6	4.4	21.9	3.0	1.7	12.1
3.9	4.1	22.4	3.1	3.6	13.1
6.0	5.0	22.2	3.4	2.1	9.6
4.3	7.0	27.2	3.1	2.2	10.1
5.1	6.1	25.8	3.1	2.2	5.4
5.5	4.0	25.4	0.6	4.2	8.8
6.7	7.2	16.9	4.3	2.3	5.6
10.6	1.7	16.9	0.9	2.3	8.1
5.9	3.8	28.5	2.7	2.1	9.3
6.6	9.0	12.4	4.2	2.0	9.7
7.0	6.4	15.7	2.5	2.6	7.2

3-6 2014年入境过夜游客
（按年龄、性别、

THE AVERAGE DAILY PER CAPITA
TOURISTS 2014 (BY AGE, SEX,

		人均天花费 EXPENDITURE	外国人 FOREIGNERS
总平均	**AVERAGE TOTAL**	**212.25**	**227.63**
14岁及以下	UNDER 14	175.23	179.23
15~24岁	15–24	180.03	187.44
25~44岁	25–44	214.74	234.52
45~64岁	45–64	223.21	238.22
65岁及以上	OVER 65	201.13	205.69
男　　性	MALE	216.02	232.35
女　　性	FEMALE	206.14	219.93
政府工作人员	OFFICIAL	223.58	239.75
专业技术人员	PROFESSIONAL	203.74	232.87
职　　员	CLERK	206.87	242.64
技工/工人	TECHNICIAN/WORKER	192.47	224.63
商贸人员	BUSINESSMAN	231.51	245.85
服务员/推销员	WAITER/SALESMAN	163.57	212.14
退休人员	RETIRED	175.50	210.06
家庭妇女	HOUSEWIFE	186.23	220.09
军　　人	ARMYMAN	160.42	199.11
学　　生	STUDENT	159.25	176.14
其　　他	OTHERS	188.08	191.54
观光游览	SIGHTSEEING	207.88	213.51
休闲度假	LEISURE/HOLIDAY	206.67	231.44
探亲访友	VISITING RELATIVES & FRIENDS	161.46	184.96
商　　务	BUSINESS	226.80	236.69
会　　议	MEETING	245.90	276.32
宗教朝拜	RELIGION/PILGRIMAGE	213.65	251.20
文体科技交流	CULTURAL/SPORTS/SCIENTIFIC EXCHANGE PROGRAMME	231.91	244.27
购　　物	SHOPPING	254.94	291.07
医疗保健	HEALTH & MEDICAL CARE	231.62	238.67
其　　他	OTHERS	212.15	213.69

资料来源：2014年“入境游客花费情况抽样调查”。
说明：上述数据为在华（内地）停留时间在三个月以内的入境游客抽样调查数据。

人均天花费情况
职业和目的分）

EXPENDITURE BY INTERNATIONAL
OCCUPATION & PURPOSE）

单　位：美元/人天
UNIT：US $ /DAILY PER CAPITA

香港同胞 HONG KONG COMPATRIOTS	澳门同胞 MACAO COMPATRIOTS	台湾同胞 TAIWAN COMPATRIOTS
156.42	**125.98**	**210.57**
163.97	85.84	183.20
157.34	109.54	183.57
150.54	131.16	208.46
165.80	125.61	219.41
168.64	133.82	206.49
155.87	124.52	212.71
157.35	127.50	207.11
191.27	109.13	238.80
139.93	151.57	204.54
138.28	125.98	206.73
128.79	95.58	192.62
190.43	153.88	224.58
112.80	70.22	192.14
123.81	105.55	169.65
114.73	78.42	190.98
98.54	—	149.44
120.08	79.57	154.64
175.41	121.77	220.03
181.92	135.45	213.27
149.19	121.44	214.17
114.55	109.64	160.58
167.61	110.56	224.10
181.16	129.49	238.52
178.41	140.77	210.74
186.01	146.26	220.87
143.30	129.27	269.45
214.51	131.64	221.14
228.30	148.81	197.15

SOURCE：THE 2014 SAMPLING OF EXPENDITURES BY INBOUND VISITORS IN CHINA.
NOTE：THE ABOVE DATA ARE SAMPLE SURVEY DATA ON INBOUND VISITORS WHO STAY IN MAINLAND CHINA FOR LESS THAN 3 MONTHS.

四、国内旅游基本情况

4. STATISTICS OF DOMESTIC TOURISM

4-1 2014年全国国内旅游基本情况

MAJOR STATISTICS OF DOMESTIC TOURISM 2014

	总人数（亿人次）DOMESTIC VISITORS（100 MILLION PERSON-TIMES）	*出游率（%）RATE（%）	总花费（亿元）DOMESTIC TOURISM EXPENDITURE（100 MILLION RMB ¥）	人均每次花费（元/人·次）PER CAPITA EXPENDITURE（RMB ¥/PERSON·TIMES）
全国总计 TOTAL	**36.11**	**269.8**	**30 311.86**	**839.7**
城镇居民 URBAN RESIDENTS	**24.83**	**373.1**	**24 219.76**	**975.4**
一季度 JAN.-MAR.	6.59	99.0	6 479.09	983.8
二季度 APR.-JUNE	5.29	79.4	4 519.93	855.2
三季度 JULY-SEP.	6.61	99.3	6 640.23	1 004.6
四季度 OCT.-DEC.	6.35	95.4	6 580.51	1 036.3
农村居民 RURAL RESIDENTS	**11.28**	**167.2**	**6 092.11**	**540.2**
一季度 JAN.-MAR.	4.43	65.6	2 480.46	560.5
二季度 APR.-JUNE	2.10	31.1	941.16	449.0
三季度 JULY-SEP.	2.27	33.7	1 190.30	524.4
四季度 OCT.-DEC.	2.48	36.8	1 480.19	596.9

注：*出游率指城镇居民或农村居民出游人次数占其人口数的比重。

NOTE: * RATE IS THE RATIO THAT THE TOTAL AMOUNT OF THE URBAN VISITORS OR THE RURAL VISITORS COMPARES TO THE URBAN RESIDENTS OR THE RURAL RESIDENTS.

4-2　2014 年城镇居民国内
COMPOSITION OF DOMESTIC URBAN

		人次数构成 P.C.TOTAL	观光游览 SIGHTSEEING
调查总平均	**GROSS AVERAGE**	**100.0**	**14.2**
按性别分	**SEX**		
男　　性	MALE	100.0	13.7
女　　性	FEMALE	100.0	14.9
按年龄分	**AGE**		
14岁及以下	UNDER 14	100.0	17.0
15~24岁	15–24	100.0	11.2
25~34岁	25–34	100.0	9.6
35~44岁	35–44	100.0	15.7
45~64岁	45–64	100.0	16.5
65 岁及以上	OVER 65	100.0	20.0
按受教育程度分	**EDUCATION LEVEL**		
初中及以下	JUNIOR SCHOOL AND BELOW	100.0	15.7
高中（中专/职高/技校）	SENIOR SECONDARY SCHOOL（TECHNICAL SECONDARY SCHOOL / VOCATIONAL HIGH SCHOOL/ TECHNICAL SCHOOL）	100.0	15.1
大学本科、大专	UNDERGRADUATE & JUNIOR COLLEGE	100.0	13.6
研究生及以上	POSTGRADUATE AND ABOVE	100.0	11.7

游客人次数构成（按旅游目的分）
VISITORS BY PURPOSE 2014

单　位：%
UNIT：%

度假休闲娱乐 HOLIDAYS & LEISURE	商务出差 BUSINESS & PROFESSIONAL	探亲访友 VISITING RELATIVES & FRIENDS	健康疗养 HEALTH & MEDICAL CARE	其　他 OTHERS
50.1	**9.1**	**24.0**	**1.3**	**1.3**
48.3	12.8	22.8	1.0	1.5
52.4	4.3	25.6	1.6	1.1
61.6	—	20.1	0.3	1.1
55.9	6.2	23.9	0.6	2.2
48.3	12.9	26.9	0.8	1.4
45.3	13.4	23.9	0.7	1.0
45.6	10.3	24.2	2.3	1.3
54.7	0.8	20.1	3.2	1.1
56.3	2.7	23.2	0.9	1.1
53.2	5.6	23.2	1.7	1.1
47.6	11.6	24.4	1.2	1.5
41.6	18.5	25.9	1.4	0.9

4-3 2014年城镇居民国内

PER CAPITA EXPENDITURE ON DOMESTIC

		人均每次花费 PER CAPITA EXPENDITURE	观光游览 SIGHTSEEING
调查总平均	**GROSS AVERAGE**	**992.1**	**1 265.0**
按性别分	**SEX**		
男　　性	MALE	1 061.9	1 214.1
女　　性	FEMALE	903.2	1 324.7
按年龄分	**AGE**		
14岁及以下	UNDER 14	765.4	1 104.4
15~24岁	15–24	918.5	1 602.3
25~34岁	25–34	1 214.7	1 513.4
35~44岁	35–44	1 088.9	1 235.2
45~64岁	45–64	974.0	1 364.4
65 岁及以上	OVER 65	543.6	683.2
按受教育程度分	**EDUCATION LEVEL**		
初中及以下	JUNIOR SCHOOL AND BELOW	752.5	1 116.6
高中（中专/职高/技校）	SENIOR SECONDARY SCHOOL（TECHNICAL SECONDARY SCHOOL / VOCATIONAL HIGH SCHOOL / TECHNICAL SCHOOL）	842.8	1 118.5
大学本科、大专	UNDERGRADUATE & JUNIOR COLLEGE	1 083.2	1 389.6
研究生及以上	POSTGRADUATE AND ABOVE	1 465.6	1 242.3

游客人均每次花费（按旅游目的分）

URBAN VISITORS BY PURPOSE 2014

单　位：元/人·次
UNIT：RMB ¥/PERSON·TIME

度假休闲娱乐 HOLIDAYS & LEISURE	商务出差 BUSINESS & PROFESSIONAL	探亲访友 VISITING RELATIVES & FRIENDS	健康疗养 HEALTH & MEDICAL CARE	其　他 OTHERS
829.3	**2 078.8**	**812.0**	**411.1**	**609.4**
898.0	2 056.0	812.7	481.0	655.7
748.6	2 164.0	811.1	356.5	532.4
755.1	—	534.6	465.1	358.1
819.2	1 022.3	820.9	134.1	961.1
1 020.9	2 287.1	998.3	377.4	571.3
800.2	2 428.6	846.3	378.5	254.1
810.3	1 742.6	762.2	394.8	645.6
508.8	1 219.5	459.1	540.9	762.6
714.0	1 651.9	536.5	260.2	298.5
759.3	1 418.7	772.0	292.1	506.0
884.0	2 056.9	883.8	545.5	737.4
1 085.9	3 014.7	1 179.6	156.3	511.5

4-4 2014年城镇居民国内游客人次数构成（按旅游方式分）

COMPOSITION OF DOMESTIC URBAN VISITORS BY ORGANIZED MODE 2014

单 位：%
UNIT：%

		人次数构成 P.C.TOTAL	旅行社组织 VIA TRAVEL AGENCIES	非旅行社组织 WITHOUT TRAVEL AGENCIES
调查总平均	**GROSS AVERAGE**	**100.0**	**4.1**	**95.9**
按性别分	**SEX**			
男　性	MALE	100.0	3.0	97.0
女　性	FEMALE	100.0	5.5	94.5
按年龄分	**AGE**			
14 岁及以下	UNDER 14	100.0	4.9	95.1
15~24岁	15–24	100.0	4.0	96.0
25~34岁	25–34	100.0	2.3	97.7
35~44岁	35–44	100.0	3.4	96.6
45~64岁	45–64	100.0	5.5	94.5
65 岁及以上	OVER 65	100.0	6.6	93.4
按受教育程度分	**EDUCATION LEVEL**			
初中及以下	JUNIOR SCHOOL AND BELOW	100.0	5.9	94.1
高中（中专/职高/技校）	SENIOR SECONDARY SCHOOL（TECHNICAL SECONDARY SCHOOL / VOCATIONAL HIGH SCHOOL / TECHNICAL SCHOOL）	100.0	5.3	94.7
大学本科、大专	UNDERGRADUATE & JUNIOR COLLEGE	100.0	3.3	96.7
研究生及以上	POSTGRADUATE AND ABOVE	100.0	1.8	98.2

4-5 2014 年城镇居民国内游客人均每次花费（按旅游方式分）

PER CAPITA EXPENDITURE ON DOMESTIC URBAN VISITORS BY ORGANIZED MODE 2014

单 位：元/人·次

UNIT：RMB ¥ /PERSON · TIME

		人均每次花费 PER CAPITA EXPENDITURE	旅行社组织 VIA TRAVEL AGENCIES	非旅行社组织 WITHOUT TRAVEL AGENCIES
调查总平均	**GROSS AVERAGE**	**992.1**	**2 055.1**	**946.6**
按性别分	**SEX**			
男　　性	MALE	1 061.9	2 057.5	1 030.9
女　　性	FEMALE	903.2	2 053.3	836.3
按年龄分	**AGE**			
14岁及以下	UNDER 14	765.4	2 064.6	698.5
15~24岁	15–24	918.5	1 400.1	898.4
25~34岁	25–34	1 214.7	2 804.7	1 177.0
35~44岁	35–44	1 088.9	2 310.9	1 046.3
45~64岁	45–64	974.0	2 071.1	909.9
65岁及以上	OVER 65	543.6	1 407.9	482.7
按受教育程度分	**EDUCATION LEVEL**			
初中及以下	JUNIOR SCHOOL AND BELOW	752.5	1 743.2	690.5
高中（中专/职高/技校）	SENIOR SECONDARY SCHOOL (TECHNICAL SECONDARY SCHOOL / VOCATIONAL HIGH SCHOOL / TECHNICAL SCHOOL)	842.8	1 730.1	793.3
大学本科、大专	UNDERGRADUATE & JUNIOR COLLEGE	1 083.2	2 370.3	1 039.7
研究生及以上	POSTGRADUATE AND ABOVE	1 465.6	3 375.4	1 430.4

4-6 2014年农村居民国内
COMPOSITION OF DOMESTIC

		人次数构成 P.C.TOTAL	观光游览 SIGHTSEEING
调查总平均	**GROSS AVERAGE**	**100.0**	**6.5**
按性别分	**SEX**		
男　　性	MALE	100.0	6.4
女　　性	FEMALE	100.0	6.6
按年龄分	**AGE**		
14岁及以下	UNDER 14	100.0	8.1
15~24岁	15–24	100.0	5.8
25~34岁	25–34	100.0	6.2
35~44岁	35–44	100.0	7.7
45~64岁	45–64	100.0	5.8
65 岁及以上	OVER 65	100.0	4.9
按受教育程度分	**EDUCATION LEVEL**		
小学及以下	PRIMARY SCHOOL AND BELOW	100.0	6.3
初中	JUNIOR SECONDARY SCHOOL	100.0	5.8
高中（中专/职高/技校）	SENIOR SECONDARY SCHOOL（TECHNICAL SECONDARY SCHOOL / VOCATIONAL HIGH SCHOOL / TECHNICAL SCHOOL）	100.0	5.7
大专、大学本科及以上	JUNIOR COLLEGE & UNDERGRADUATE AND ABOVE	100.0	8.0

游客人次数构成（按旅游目的分）

RURAL VISITORS BY PURPOSE 2014

单 位：%
UNIT：%

度假休闲娱乐 HOLIDAYS & LEISURE	商务出差 BUSINESS & PROFESSIONAL	探亲访友 VISITING RELATIVES & FRIENDS	健康疗养 HEALTH & MEDICAL CARE	其 他 OTHERS
32.8	**15.4**	**30.9**	**5.1**	**9.4**
31.6	20.9	28.8	4.4	8.0
34.8	5.8	34.6	6.3	11.9
47.6	—	33.7	2.8	7.8
47.9	6.9	28.2	2.5	8.6
32.7	18.5	30.4	3.3	8.8
27.3	22.5	27.9	4.8	9.8
23.4	19.7	33.8	6.7	10.5
29.6	5.7	32.3	17.4	10.1
33.6	8.3	32.9	7.9	10.9
32.5	15.3	30.8	6.8	8.8
32.1	19.4	29.4	4.3	9.1
33.2	16.4	31.1	2.1	9.2

4-7 2014年农村居民国内

PER CAPITA EXPENDITURE ON DOMESTIC

		人均每次花费 PER CAPITAL EXPENDITURE	观光游览 SIGHTSEEING
调查总平均	**GROSS AVERAGE**	**687.7**	**1 188.7**
按性别分	**SEX**		
男　　性	MALE	744.0	1 235.7
女　　性	FEMALE	590.1	1 110.1
按年龄分	**AGE**		
14岁及以下	UNDER 14	422.1	781.3
15~24岁	15–24	707.1	1 379.2
25~34岁	25–34	891.1	1 548.5
35~44岁	35–44	724.1	1 101.8
45~64岁	45–64	602.3	1 020.8
65岁及以上	OVER 65	408.9	1 031.9
按受教育程度分	**EDUCATION LEVEL**		
小学及以下	PRIMARY SCHOOL AND BELOW	481.6	917.4
初中	JUNIOR SECONDARY SCHOOL	491.5	618.8
高中（中专/职高/技校）	SENIOR SECONDARY SCHOOL（TECHNICAL SECONDARY SCHOOL / VOCATIONAL HIGH SCHOOL / TECHNICAL SCHOOL）	726.2	1 290.2
大专、大学本科及以上	JUNIOR COLLEGE & UNDERGRADUATE AND ABOVE	984.2	1 663.9

游客人均每次花费（按旅游目的分）
RURAL VISITORS BY PURPOSE 2014

单 位：元/人·次
UNIT：RMB ¥ /PERSON · TIME

度假休闲娱乐 HOLIDAYS & LEISURE	商务出差 BUSINESS & PROFESSIONAL	探亲访友 VISITING RELATIVES & FRIENDS	健康疗养 HEALTH & MEDICAL CARE	其 他 OTHERS
724.0	**891.5**	**538.7**	**454.6**	**498.4**
759.3	918.1	585.6	436.5	573.3
668.4	725.4	471.0	476.4	411.1
470.8	—	306.6	522.2	216.5
695.5	877.1	587.7	455.8	647.5
899.2	1 234.4	660.4	646.1	563.6
772.0	782.4	639.7	436.4	539.7
738.2	682.3	459.0	390.9	513.6
455.4	282.8	397.8	386.6	115.5
490.7	779.5	343.0	421.6	437.7
563.1	527.0	444.0	281.5	408.9
756.4	891.7	555.3	561.4	547.8
1 012.4	1 258.5	761.1	849.0	582.1

4-8　2014 年农村居民国内游客人次数构成（按旅游方式分）

COMPOSITION OF DOMESTIC RURAL VISITORS BY ORGANIZED MODE 2014

单　位：%
UNIT：%

		人次数构成 P.C.TOTAL	旅行社组织 VIA TRAVEL AGENCIES	非旅行社组织 WITHOUT TRAVEL AGENCIES
调查总平均	**GROSS AVERAGE**	**100.0**	**3.0**	**97.0**
按性别分	**SEX**			
男　　性	MALE	100.0	2.9	97.1
女　　性	FEMALE	100.0	3.1	96.9
按年龄分	**AGE**			
14岁及以下	UNDER 14	100.0	5.0	95.0
15~24岁	15-24	100.0	3.1	96.9
25~34岁	25-34	100.0	2.3	97.7
35~44岁	35-44	100.0	1.9	98.1
45~64岁	45-64	100.0	3.5	96.5
65岁及以上	OVER 65	100.0	4.7	95.3
按受教育程度分	**EDUCATION LEVEL**			
小学及以下	PRIMARY SCHOOL AND BELOW	100.0	4.0	96.0
初中	JUNIOR SECONDARY SCHOOL	100.0	2.9	97.1
高中（中专/职高/技校）	SENIOR SECONDARY SCHOOL（TECHNICAL SECONDARY SCHOOL / VOCATIONAL HIGH SCHOOL / TECHNICAL SCHOOL）	100.0	3.1	96.9
大专、大学本科及以上	JUNIOR COLLEGE, UNDERGRADUATE AND ABOVE	100.0	2.3	97.7

4-9 2014年农村居民国内游客人均每次花费（按旅游方式分）

PER CAPITA EXPENDITURE ON DOMESTIC RURAL VISITORS BY ORGANIZED MODE 2014

单　位：元/人·次

UNIT：RMB￥/PERSON·TIME

		人均每次花费 PER CAPITA EXPENDITURE	旅行社组织 VIA TRAVEL AGENCIES	非旅行社组织 WITHOUT TRAVEL AGENCIES
调查总平均	**GROSS AVERAGE**	**687.7**	**1 630.5**	**658.4**
按性别分	**SEX**			
男　　性	MALE	744.0	1 758.0	713.2
女　　性	FEMALE	590.1	1 422.7	563.1
按年龄分	**AGE**			
14岁及以下	UNDER 14	422.1	1 092.4	387.0
15~24岁	15–24	707.1	1 365.8	686.2
25~34岁	25–34	891.1	2 609.8	851.2
35~44岁	35–44	724.1	1 642.3	706.1
45~64岁	45–64	602.3	1 418.7	573.0
65岁及以上	OVER 65	408.9	1 501.7	354.4
按受教育程度分	**EDUCATION LEVEL**			
小学及以下	PRIMARY SCHOOL AND BELOW	481.6	1 156.6	453.3
初中	JUNIOR SECONDARY SCHOOL	491.5	1 144.4	471.9
高中（中专/职高/技校）	SENIOR SECONDARY SCHOOL（TECHNICAL SECONDARY SCHOOL / VOCATIONAL HIGH SCHOOL / TECHNICAL SCHOOL）	726.2	1 723.4	694.5
大专、大学本科及以上	JUNIOR COLLEGE, UNDERGRADUATE AND ABOVE	984.2	2 671.5	943.9

五、地方接待入境过夜游客情况

5. DISTRIBUTION OF INTERNATIONAL TOURISTS TO LOCALITY

5-1 2013~2014 年各地区接待
INTERNATIONAL TOURISTS BY

地　区 LOCALITY	2014 年总计 TOTAL 2014 人 数（人次）ARRIVALS	2014 年总计 TOTAL 2014 人天数（人 天）NIGHTS
北　京 BEIJING	4 274 520	18 122 237
天　津 TIANJIN	766 326	13 213 515
河　北 HEBEI	756 129	2 568 035
山　西 SHANXI	565 588	1 427 107
内蒙古 INNER MONGOLIA	1 673 122	4 981 154
辽　宁 LIAONING	2 607 019	7 488 266
吉　林 JILIN	1 306 286	3 188 491
黑龙江 HEILONGJIANG	1 417 227	2 814 946
上　海 SHANGHAI	6 396 150	20 732 268
江　苏 JIANGSU	2 970 955	10 964 550
浙　江 ZHEJIANG	3 708 843	8 881 767
安　徽 ANHUI	2 801 843	6 512 917
福　建 FUJIAN	3 188 996	8 713 234
江　西 JIANGXI	1 476 661	2 906 826
山　东 SHANDONG	3 001 853	10 263 262
河　南 HENAN	1 247 595	3 024 571
湖　北 HUBEI	2 770 689	6 370 867
湖　南 HUNAN	2 195 461	4 181 638
广　东 GUANGDONG	33 554 302	73 852 351
广　西 GUANGXI	2 957 606	5 909 943
海　南 HAINAN	661 427	1 485 088
重　庆 CHONGQING	1 263 578	3 411 661
四　川 SICHUAN	2 401 667	4 540 666
贵　州 GUIZHOU	653 127	989 011
云　南 YUNNAN	2 865 550	5 568 061
西　藏 TIBET	244 401	742 979
陕　西 SHAANXI	2 663 015	7 783 541
甘　肃 GANSU	48 750	64 006
青　海 QINGHAI	51 535	162 844
宁　夏 NINGXIA	33 657	100 971
新　疆 XINJIANG	540 050	2 450 309

说明：2014年数据为在华（内地）停留时间在三个月以内的入境游客抽样调查数据。

NOTE: THE DATA IN 2014 ARE SAMPLE SURVEY DATA ON INBOUND VISITORS WHO STAY IN MAINLAND CHINA FOR LESS THAN 3 MONTHS.

入境过夜游客情况
LOCALITY 2013—2014

	2013年总计 TOTAL 2013		
平均停留（天） AVERAGE STAY	人　数 （人次） ARRIVALS	人天数 （人天） NIGHTS	平均停留（天） AVERAGE STAY
4.24	4 501 343	19 017 787	4.22
17.24	758 594	11 832 614	15.60
3.40	842 718	2 827 205	3.35
2.52	538 400	1 130 600	2.10
2.98	1 616 136	4 908 565	3.04
2.87	2 560 413	7 410 143	2.89
2.44	1 242 992	3 022 377	2.43
1.99	1 528 554	3 021 201	1.98
3.24	6 140 911	20 165 344	3.28
3.69	2 880 287	10 424 885	3.62
2.39	3 375 701	8 345 877	2.47
2.32	2 719 452	7 279 517	2.68
2.73	2 940 209	14 213 541	4.83
1.97	1 238 855	2 725 481	2.20
3.42	2 859 828	9 792 465	3.42
2.42	1 273 797	3 026 217	2.38
2.30	2 679 623	6 009 111	2.24
1.90	2 306 593	4 352 114	1.89
2.20	33 979 025	71 415 328	2.10
2.00	2 817 429	5 516 433	1.96
2.25	756 438	1 905 093	2.52
2.70	1 151 657	3 512 554	3.05
1.89	2 095 631	3 983 254	1.90
1.51	623 952	942 920	1.51
1.94	2 878 792	5 689 511	1.98
3.04	223 198	687 450	3.08
2.92	2 534 741	7 224 636	2.85
1.31	97 761	126 039	1.29
3.16	46 548	122 257	2.63
3.00	25 357	76 071	3.00
4.54	688 769	3 054 546	4.43

5-2 2014年各地区接待

BREAKDOWN OF INTERNATIONAL

地　区 LOCALITY	外国人 FOREIGNERS			香港 HONG
	人　数 （人次） ARRIVALS	人天数 （人天） NIGHTS	平均停留 （天） AVERAGE STAY	人　数 （人次） ARRIVALS
北　京 BEIJING	3 654 522	15 902 369	4.35	342 117
天　津 TIANJIN	674 931	10 876 790	16.12	43 829
河　北 HEBEI	602 563	2 185 907	3.63	59 326
山　西 SHANXI	361 272	908 268	2.51	87 442
内蒙古 INNER MONGOLIA	1 602 248	4 712 147	2.94	33 140
辽　宁 LIAONING	2 006 223	5 425 324	2.70	276 120
吉　林 JILIN	1 132 619	2 748 209	2.43	80 070
黑龙江 HEILONGJIANG	1 322 891	2 661 389	2.01	22 413
上　海 SHANGHAI	5 233 373	16 705 717	3.19	490 562
江　苏 JIANGSU	1 970 417	6 799 370	3.45	144 170
浙　江 ZHEJIANG	2 698 277	6 516 802	2.42	353 615
安　徽 ANHUI	1 608 272	3 712 070	2.31	407 913
福　建 FUJIAN	1 274 353	3 980 527	3.12	724 609
江　西 JIANGXI	447 356	886 971	1.98	496 817
山　东 SHANDONG	2 180 765	7 764 261	3.56	367 263
河　南 HENAN	718 162	1 843 179	2.57	193 486
湖　北 HUBEI	2 132 562	4 926 991	2.31	303 307
湖　南 HUNAN	1 000 746	2 063 019	2.06	555 378
广　东 GUANGDONG	7 751 796	20 425 484	2.63	20 617 779
广　西 GUANGXI	1 467 516	2 968 929	2.02	669 296
海　南 HAINAN	421 537	1 100 885	2.61	107 949
重　庆 CHONGQING	806 452	1 935 485	2.40	165 305
四　川 SICHUAN	1 696 567	3 265 014	1.92	345 515
贵　州 GUIZHOU	284 943	429 587	1.51	135 102
云　南 YUNNAN	2 061 553	3 915 901	1.90	383 375
西　藏 TIBET	199 965	611 006	3.06	18 674
陕　西 SHAANXI	1 858 346	5 760 873	3.10	293 016
甘　肃 GANSU	28 857	39 651	1.37	4 330
青　海 QINGHAI	40 648	130 074	3.20	4 271
宁　夏 NINGXIA	15 091	45 273	3.00	7 825
新　疆 XINJIANG	476 619	2 175 562	4.56	14 555

说明：2014年数据为在华（内地）停留时间在三个月以内的入境游客抽样调查数据。

NOTE: THE DATA IN 2014 ARE SAMPLE SURVEY DATA ON INBOUND VISITORS WHO STAY IN MAINLAND CHINA FOR LESS THAN 3 MONTHS.

入境过夜游客构成
TOURISTS BY LOCALITY 2014

同胞 KONG COMPATRIOTS		澳门同胞 MACAO COMPATRIOTS			台湾同胞 TAIWAN COMPATRIOTS		
人天数（人天）NIGHTS	平均停留（天）AVERAGE STAY	人数（人次）ARRIVALS	人天数（人天）NIGHTS	平均停留（天）AVERAGE STAY	人数（人次）ARRIVALS	人天数（人天）NIGHTS	平均停留（天）AVERAGE STAY
1 288 508	3.77	22 231	77 369	3.48	255 650	853 991	3.34
1 139 606	26.00	2 867	75 455	26.32	44 699	1 121 664	25.09
155 421	2.62	33 765	82 459	2.44	60 475	144 248	2.39
201 983	2.31	34 616	92 401	2.67	82 258	224 455	2.73
125 660	3.79	11 283	39 691	3.52	26 451	103 656	3.92
972 651	3.52	79 424	230 628	2.90	245 252	859 663	3.51
210 134	2.62	13 794	32 764	2.38	79 803	197 384	2.47
36 178	1.61	4 575	6 306	1.38	67 348	111 073	1.65
1 513 276	3.08	18 952	69 380	3.66	653 263	2 443 895	3.74
364 773	2.53	6 149	15 136	2.46	850 219	3 785 271	4.45
803 108	2.27	101 168	307 904	3.04	555 783	1 253 953	2.26
1 003 707	2.46	157 975	415 676	2.63	627 683	1 381 464	2.20
2 152 816	2.97	68 126	170 425	2.50	1 121 908	2 409 466	2.15
944 054	1.90	270 889	537 616	1.98	261 599	538 185	2.06
1 139 384	3.10	86 868	236 302	2.72	366 957	1 123 315	3.06
445 158	2.30	83 838	172 285	2.05	252 109	563 949	2.24
687 757	2.27	60 503	117 745	1.95	274 317	638 374	2.33
1 004 238	1.81	222 302	374 114	1.68	417 035	740 267	1.78
41 496 986	2.01	2 393 870	5 283 047	2.21	2 790 857	6 646 834	2.38
1 300 982	1.94	191 704	387 442	2.02	629 090	1 252 590	1.99
185 064	1.71	11 860	16 809	1.42	120 081	182 330	1.52
495 915	3.00	13 919	30 622	2.20	277 902	949 639	3.42
641 065	1.86	44 499	84 680	1.90	315 086	549 907	1.75
217 002	1.61	66 185	92 568	1.40	166 897	249 854	1.50
751 921	1.96	111 916	250 728	2.24	308 706	649 511	2.10
54 119	2.90	6 210	18 344	2.95	19 552	59 510	3.04
820 445	2.80	171 628	386 163	2.25	340 025	816 060	2.40
6 185	1.43	902	1 377	1.53	14 661	16 793	1.15
11 958	2.80	1 519	5 012	3.30	5 097	15 800	3.10
23 475	3.00	355	1 065	3.00	10 386	31 158	3.00
65 270	4.48	6 192	28 027	4.53	42 684	181 450	4.25

5-3 2014年各地区接待
FOREIGN TOURISTS BY

地 区 LOCALITY	合 计 TOTAL	#日本 JAPAN	#韩国 KOREA	#马来西亚 MALA-YSIA	#菲律宾 PHILIP-PINES	#新加坡 SINGA-PORE
北 京 BEIJING	3 654 522	248 831	386 839	81 484	19 277	116 459
天 津 TIANJIN	674 931	214 630	148 426	11 900	3 112	21 676
河 北 HEBEI	602 563	60 141	69 958	23 654	12 241	27 402
山 西 SHANXI	361 272	17 432	113 543	7 540	3 283	12 341
内蒙古 INNER MONGOLIA	1 602 248	25 632	21 888	2 149	897	4 150
辽 宁 LIAONING	2 006 223	363 519	868 625	38 261	20 109	69 701
吉 林 JILIN	1 132 619	45 768	612 304	4 951	4 557	40 266
黑龙江 HEILONGJIANG	1 322 891	21 536	178 980	4 871	983	7 839
上 海 SHANGHAI	5 233 373	828 411	582 110	173 140	200 286	177 409
江 苏 JIANGSU	1 970 417	419 280	348 682	98 686	23 584	68 558
浙 江 ZHEJIANG	2 698 277	203 705	381 204	161 238	23 155	85 745
安 徽 ANHUI	1 608 272	107 672	639 933	51 100	10 487	71 747
福 建 FUJIAN	1 274 353	165 123	64 084	163 707	34 347	120 778
江 西 JIANGXI	447 356	17 971	40 078	12 481	9 906	20 228
山 东 SHANDONG	2 180 765	274 751	1 046 313	42 501	35 700	67 913
河 南 HENAN	718 162	50 432	298 314	30 144	8 740	18 885
湖 北 HUBEI	2 132 562	379 211	67 649	67 557	11 140	72 147
湖 南 HUNAN	1 000 746	74 916	382 562	46 145	7 475	37 298
广 东 GUANGDONG	7 751 796	1 007 828	481 319	423 202	76 742	308 000
广 西 GUANGXI	1 467 516	25 356	186 160	192 261	11 930	92 136
海 南 HAINAN	421 537	13 662	21 787	29 146	2 040	48 974
重 庆 CHONGQING	806 452	102 250	121 646	34 853	5 205	45 553
四 川 SICHUAN	1 696 567	169 757	144 323	89 779	9 980	120 492
贵 州 GUIZHOU	284 943	23 778	19 121	13 500	4 276	17 086
云 南 YUNNAN	2 061 553	71 376	182 734	139 661	6 234	129 624
西 藏 TIBET	199 965	6 817	5 072	6 550	3 451	6 201
陕 西 SHAANXI	1 858 346	104 793	229 839	81 747	17 094	42 738
甘 肃 GANSU	28 857	4 332	2 714	2 187	264	2 691
青 海 QINGHAI	40 648	3 393	2 289	2 266	284	2 274
宁 夏 NINGXIA	15 091	1 819	1 260	651	149	493
新 疆 XINJIANG	476 619	7 013	9 072	8 527	966	5 083

外国过夜游客人数（按国籍分）
LOCALITY & NATIONALITY 2014

单　位：人次
UNIT：ARRIVALS

#泰国 THAI-LAND	#美国 U.S.A	#加拿大 CANADA	#英国 UNITED、KINGDOM	#法国 FRANCE	#德国 GERMANY	#俄罗斯 RUSSIA	#澳大利亚 AUSTRA-LIA
52 706	714 891	139 838	169 111	133 830	225 954	136 794	145 996
4 604	63 895	8 645	16 915	9 985	27 511	4 829	13 650
12 776	30 832	15 084	25 514	21 245	28 769	53 203	15 368
6 412	23 710	5 415	7 684	25 654	12 412	13 452	4 012
3 416	15 874	3 834	8 033	5 643	8 432	633 389	7 260
12 546	55 857	30 889	35 742	20 986	49 022	170 418	28 668
4 037	14 325	8 653	9 774	9 647	52 736	290 728	11 677
2 594	33 083	10 209	7 896	12 291	5 116	919 053	8 637
70 060	632 512	140 460	185 906	178 128	260 812	86 807	168 132
21 030	196 864	66 324	53 943	43 588	98 626	17 380	53 490
35 008	212 414	44 070	68 433	57 369	106 374	36 930	52 673
23 634	159 615	45 176	53 491	62 133	48 132	33 238	24 047
20 874	146 390	28 145	34 387	24 780	36 807	12 812	32 812
8 424	44 831	19 560	23 531	21 343	20 426	17 726	15 321
16 066	142 432	35 789	59 265	48 550	60 900	66 079	41 109
20 507	31 474	18 527	11 382	26 306	34 622	16 390	23 021
19 949	431 830	108 984	172 738	147 250	227 822	10 268	96 155
27 648	97 254	24 458	57 868	33 555	28 554	17 100	18 541
169 965	633 574	123 185	171 919	153 625	136 736	128 209	156 491
59 795	78 769	39 349	36 621	44 794	31 336	8 914	31 742
7 162	30 253	10 504	8 055	6 567	11 584	114 362	9 306
70 335	92 889	26 363	30 589	25 648	41 107	8 678	28 637
56 355	257 042	60 552	151 591	70 469	73 035	15 545	85 573
7 918	34 150	10 764	17 490	17 517	9 989	8 890	10 682
245 819	106 329	39 251	62 736	81 810	67 954	14 391	48 143
4 117	33 202	7 574	9 543	8 673	11 992	6 465	5 917
21 458	192 320	53 441	78 693	63 344	68 041	30 136	59 882
606	3 678	1 049	1 125	1 487	1 222	224	1 638
400	6 420	2 049	2 998	2 269	2 656	1 413	1 685
318	1 945	478	306	424	918	678	479
1 438	6 861	3 809	5 385	6 836	7 045	167 172	5 542

5-4 2013~2014 年主要城市接待

INTERNATIONAL TOURISTS TO

城市名称 NAME OF CITY	2014年总计 TOTAL 2014	
	人 数（人次） ARRIVALS	人天数（人天） NIGHTS
北　京 BEIJING	4 274 520	18 122 237
天　津 TIANJIN	766 326	13 213 515
石家庄 SHIJIAZHUANG	95 132	282 367
秦皇岛 QINHUANGDAO	184 355	828 242
承　德 CHENGDE	156 552	544 482
太　原 TAIYUAN	140 476	373 352
大　同 DATONG	61 822	133 638
呼和浩特 HOHHOT	123 037	541 168
沈　阳 SHENYANG	619 724	1 451 375
大　连 DALIAN	965 615	2 020 920
长　春 CHANGCHUN	394 540	1 352 119
吉　林 JILIN	97 658	200 198
延　边 YANBIAN	598 596	1 171 271
哈尔滨 HARBIN	205 870	454 787
上　海 SHANGHAI	6 396 150	20 732 268
南　京 NANJING	566 202	2 043 800
无　锡 WUXI	403 117	1 251 359
苏　州 SUZHOU	1 453 274	5 938 256
南　通 NANTONG	187 185	495 921
连云港 LIANYUNGANG	22 972	70 381
杭　州 HANGZHOU	984 701	2 509 770
宁　波 NINGBO	520 641	976 405
温　州 WENZHOU	479 898	1 148 682
合　肥 HEFEI	251 745	857 568
黄　山 HUANGSHAN	1 330 799	2 337 493
福　州 FUZHOU	569 487	1 986 582
厦　门 XIAMEN	1 170 058	3 105 422
泉　州 QUANZHOU	675 944	2 101 656
漳　州 ZHANGZHOU	270 336	535 983

入境过夜游客情况
MAJOR CITIES 2013—2014

	2013年总计 TOTAL 2013		
平均停留（天）AVERAGE STAY	人 数（人次）ARRIVALS	人天数（人天）NIGHTS	平均停留（天）AVERAGE STAY
4.24	4 501 343	19 017 787	4.22
17.24	758 594	11 832 614	15.60
2.97	95 681	241 702	2.53
4.49	188 041	716 975	3.81
3.48	179 553	359 117	2.00
2.66	214 742	558 243	2.60
2.16	60 096	126 246	2.10
4.40	117 527	517 119	4.40
2.34	403 265	1 293 981	3.21
2.09	734 605	2 241 048	3.05
3.43	378 261	1 271 085	3.36
2.05	95 962	193 842	2.02
1.96	570 091	1 082 443	1.90
2.21	210 571	430 953	2.05
3.24	6 140 911	20 165 344	3.28
3.61	518 568	1 773 975	3.42
3.10	391 185	1 207 887	3.09
4.09	1 442 139	5 827 197	4.04
2.65	216 944	560 265	2.58
3.06	24 228	72 065	2.97
2.55	1 060 360	2 490 315	2.35
1.88	426 258	924 935	2.17
2.39	290 335	822 513	2.83
3.41	302 492	982 833	3.25
1.76	1 304 791	2 772 152	2.12
3.49	568 853	3 542 138	6.23
2.65	1 072 263	5 095 299	4.75
3.11	622 476	3 335 733	5.36
1.98	238 194	815 670	3.42

5-4（续1）

城市名称 NAME OF CITY	2014年总计 TOTAL 2014	
	人数 （人次） ARRIVALS	人天数 （人天） NIGHTS
南　昌 NANCHANG	180 489	373 077
九　江 JIUJIANG	243 939	611 391
济　南 JINAN	226 406	705 569
青　岛 QINGDAO	836 605	3 139 862
烟　台 YANTAI	358 748	1 517 533
威　海 WEIHAI	300 744	957 366
郑　州 ZHENGZHOU	292 530	909 845
洛　阳 LUOYANG	221 162	531 449
武　汉 WUHAN	1 705 734	4 919 424
长　沙 CHANGSHA	652 199	1 049 782
广　州 GUANGZHOU	7 832 990	18 212 841
深　圳 SHENZHEN	11 825 916	24 441 521
珠　海 ZHUHAI	2 913 367	5 994 265
汕　头 SHANTOU	176 500	264 400
湛　江 ZHANJIANG	225 500	267 600
中　山 ZHONGSHAN	602 050	2 845 883
南　宁 NANNING	262 155	571 731
桂　林 GUILIN	1 298 461	2 680 231
北　海 BEIHAI	74 512	129 954
海　口 HAIKOU	136 910	222 875
三　亚 SANYA	388 637	1 035 440
重　庆 CHONGQING	1 263 578	3 411 661
成　都 CHENGDU	1 978 030	3 898 154
贵　阳 GUIYANG	145 931	317 099
昆　明 KUNMING	1 192 057	1 956 067
拉　萨 LHASA	145 915	450 105
西　安 XI'AN	1 242 330	3 624 142
兰　州 LANZHOU	13 166	16 773
西　宁 XINING	32 299	117 096
银　川 YINCHUAN	25 734	77 202
乌鲁木齐 URUMQI	318 396	1 074 337

	2013年总计 TOTAL 2013		
平均停留 （天） AVERAGE STAY	人　数 （人次） ARRIVALS	人天数 （人天） NIGHTS	平均停留 （天） AVERAGE STAY
2.07	154 363	362 645	2.35
2.51	232 609	558 261	2.40
3.12	208 090	646 054	3.10
3.75	782 632	2 899 748	3.71
4.23	328 872	1 421 226	4.32
3.18	278 003	868 328	3.12
3.11	284 839	883 440	3.10
2.40	212 835	510 512	2.40
2.88	1 613 675	4 511 224	2.80
1.61	767 232	1 251 751	1.63
2.33	7 681 966	17 859 858	2.32
2.07	12 148 917	24 846 480	2.05
2.06	2 632 331	5 314 224	2.02
1.50	155 222	302 300	1.95
1.19	190 247	409 000	2.15
4.73	537 743	1 573 079	2.93
2.18	254 176	495 962	1.95
2.06	1 343 287	2 794 689	2.08
1.74	80 026	137 903	1.72
1.63	156 632	256 112	1.64
2.66	481 851	1 477 561	3.07
2.70	1 151 657	3 512 554	3.05
1.97	1 764 314	3 521 305	2.00
2.17	134 223	297 591	2.22
1.64	760 608	1 256 177	1.65
3.08	130 518	402 000	3.08
2.92	1 211 175	3 511 141	2.90
1.27	25 154	35 067	1.39
3.63	33 203	89 059	2.68
3.00	18 352	55 056	3.00
3.37	350 330	1 199 304	3.42

5-5 2014年主要城市接待
BREAKDOWN OF INTERNATIONAL

城市名称 NAME OF CITY	外国人 FOREIGNERS			香港 HONG
	人数（人次） ARRIVALS	人天数（人天） NIGHTS	平均停留（天） AVERAGE STAY	人数（人次） ARRIVALS
北　京 BEIJING	3 654 522	15 902 369	4.35	342 117
天　津 TIANJIN	674 931	10 876 790	16.12	43 829
石家庄 SHIJIAZHUANG	84 093	250 574	2.98	6 437
秦皇岛 QINHUANGDAO	172 102	785 301	4.56	5 993
承　德 CHENGDE	122 605	462 104	3.77	13 464
太　原 TAIYUAN	98 948	257 267	2.60	23 250
大　同 DATONG	50 581	109 321	2.16	4 463
呼和浩特 HOHHOT	91 923	404 461	4.40	12 768
沈　阳 SHENYANG	473 477	1 080 279	2.28	66 555
大　连 DALIAN	823 598	1 580 829	1.92	66 317
长　春 CHANGCHUN	314 446	1 124 431	3.58	40 078
吉　林 JILIN	59 542	122 061	2.05	18 582
延　边 YANBIAN	567 533	1 099 826	1.94	8 915
哈尔滨 HARBIN	169 165	347 488	2.05	19 464
上　海 SHANGHAI	5 233 373	16 705 717	3.19	490 562
南　京 NANJING	415 635	1 511 231	3.64	45 023
无　锡 WUXI	290 885	930 105	3.20	32 973
苏　州 SUZHOU	827 532	3 044 836	3.68	49 934
南　通 NANTONG	166 198	430 135	2.59	4 809
连云港 LIANYUNGANG	18 929	56 220	2.97	533
杭　州 HANGZHOU	697 424	1 794 776	2.57	113 424
宁　波 NINGBO	405 009	749 139	1.85	46 647
温　州 WENZHOU	240 885	532 355	2.21	98 766
合　肥 HEFEI	190 614	652 779	3.42	27 381
黄　山 HUANGSHAN	792 167	1 334 070	1.68	139 567
福　州 FUZHOU	331 132	1 318 900	3.98	72 644
厦　门 XIAMEN	562 657	1 547 984	2.75	132 548
泉　州 QUANZHOU	166 741	631 116	3.79	346 231
漳　州 ZHANGZHOU	76 822	169 878	2.21	75 095

入境过夜游客构成
TOURISTS TO MAJOR CITIES 2014

同胞 KONG COMPATRIOTS		澳门同胞 MACAO COMPATRIOTS			台湾同胞 TAIWAN COMPATRIOTS		
人天数（人天）NIGHTS	平均停留（天）AVERAGE STAY	人数（人次）ARRIVALS	人天数（人天）NIGHTS	平均停留（天）AVERAGE STAY	人数（人次）ARRIVALS	人天数（人天）NIGHTS	平均停留（天）AVERAGE STAY
1 288 508	3.77	22 231	77 369	3.48	255 650	853 991	3.34
1 139 606	26.00	2 867	75 455	26.32	44 699	1 121 664	25.09
18 660	2.90	596	1 766	2.96	4 006	11 367	2.84
21 743	3.63	357	896	2.51	5 903	20 302	3.44
34 728	2.58	5 209	14 159	2.72	15 274	33 491	2.19
58 748	2.53	2 716	6 787	2.50	15 562	50 550	3.25
9 835	2.20	1 108	2 336	2.11	5 670	12 146	2.14
51 072	4.00	4 143	20 301	4.90	14 203	65 334	4.60
170 249	2.56	5 005	22 755	4.55	74 687	178 092	2.38
200 910	3.03	1 997	7 076	3.54	73 703	232 105	3.15
114 327	2.85	1 632	4 503	2.76	38 384	108 858	2.84
38 093	2.05	2 406	4 932	2.05	17 128	35 112	2.05
25 505	2.86	4 451	10 237	2.30	17 697	35 703	2.02
51 496	2.65	405	795	1.96	16 836	55 008	3.27
1 513 276	3.08	18 952	69 380	3.66	653 263	2 443 895	3.74
114 281	2.54	1 832	4 662	2.54	103 712	413 626	3.99
76 040	2.31	1 520	3 275	2.15	77 739	241 939	3.11
138 350	2.77	2 235	6 036	2.70	573 573	2 749 034	4.79
11 083	2.30	174	368	2.11	16 004	54 335	3.40
1 109	2.08	21	44	2.10	3 489	13 008	3.73
297 291	2.62	15 264	35 350	2.32	158 589	382 353	2.41
90 326	1.94	6 824	14 058	2.06	62 161	122 882	1.98
216 372	2.19	55 188	217 841	3.95	85 059	182 114	2.14
92 533	3.38	9 300	28 420	3.06	24 450	83 836	3.43
254 921	1.83	7 239	12 581	1.74	391 826	735 921	1.88
294 026	4.05	6 202	25 119	4.05	159 509	348 537	2.19
412 111	3.11	7 987	21 081	2.64	466 866	1 124 246	2.41
1 089 734	3.15	33 877	82 197	2.43	129 095	298 609	2.31
178 170	2.37	5 535	10 436	1.89	112 884	177 499	1.57

5-5（续1）

城市名称 NAME OF CITY	外国人 FOREIGNERS			香港 HONG
	人数（人次） ARRIVALS	人天数（人天） NIGHTS	平均停留（天） AVERAGE STAY	人数（人次） ARRIVALS
南　昌 NANCHANG	88 056	184 823	2.10	33 003
九　江 JIUJIANG	122 062	304 511	2.49	46 543
济　南 JINAN	137 967	427 133	3.10	38 520
青　岛 QINGDAO	599 369	2 398 893	4.00	122 128
烟　台 YANTAI	279 582	1 252 120	4.48	26 007
威　海 WEIHAI	280 962	896 817	3.19	2 462
郑　州 ZHENGZHOU	167 671	579 149	3.45	56 219
洛　阳 LUOYANG	149 747	409 030	2.73	20 576
武　汉 WUHAN	1 383 756	4 009 904	2.90	167 705
长　沙 CHANGSHA	297 602	489 829	1.65	142 233
广　州 GUANGZHOU	3 002 563	7 719 726	2.57	3 776 605
深　圳 SHENZHEN	1 615 539	3 522 205	2.18	9 740 751
珠　海 ZHUHAI	523 651	1 133 419	2.16	1 125 325
汕　头 SHANTOU	87 400	229 000	2.62	80 200
湛　江 ZHANJIANG	106 100	29 300	0.28	96 800
中　山 ZHONGSHAN	112 330	849 921	7.57	355 518
南　宁 NANNING	185 163	405 066	2.19	21 939
桂　林 GUILIN	735 821	1 535 717	2.09	235 820
北　海 BEIHAI	38 227	67 462	1.76	24 877
海　口 HAIKOU	73 037	129 601	1.77	24 663
三　亚 SANYA	275 955	831 824	3.01	59 385
重　庆 CHONGQING	806 452	1 935 485	2.40	165 305
成　都 CHENGDU	1 463 509	2 883 322	1.97	276 155
贵　阳 GUIYANG	69 072	153 004	2.22	36 222
昆　明 KUNMING	891 716	1 493 963	1.68	106 517
拉　萨 LHASA	123 978	390 530	3.15	5 602
西　安 XI'AN	1 090 649	3 190 198	2.93	67 855
兰　州 LANZHOU	7 772	10 573	1.36	1 396
西　宁 XINING	29 784	110 201	3.70	1 055
银　川 YINCHUAN	12 458	37 374	3.00	6 027
乌鲁木齐 URUMQI	293 522	1 030 524	3.51	7 905

同胞 KONG COMPATRIOTS		澳门同胞 MACAO COMPATRIOTS			台湾同胞 TAIWAN COMPATRIOTS		
人天数 （人天） NIGHTS	平均停留 （天） AVERAGE STAY	人　数 （人次） ARRIVALS	人天数 （人天） NIGHTS	平均停留 （天） AVERAGE STAY	人　数 （人次） ARRIVALS	人天数 （人天） NIGHTS	平均停留 （天） AVERAGE STAY
67 900	2.06	18 118	35 817	1.98	41 312	84 537	2.05
134 217	2.88	22 906	60 226	2.63	52 428	112 437	2.14
121 562	3.16	1 463	2 905	1.99	48 456	153 969	3.18
386 284	3.16	27 022	75 402	2.79	88 086	279 283	3.17
92 634	3.56	10 054	31 203	3.10	43 105	141 576	3.28
5 824	2.37	597	1 432	2.40	16 723	53 293	3.19
164 808	2.93	16 232	25 266	1.56	52 408	140 622	2.68
33 148	1.61	1 372	2 875	2.10	49 467	86 396	1.75
469 770	2.80	1 316	2 047	1.56	152 957	437 703	2.86
222 802	1.57	70 597	107 128	1.52	141 767	230 023	1.62
8 013 287	2.12	486 969	1 029 063	2.11	566 853	1 450 765	2.56
19 921 421	2.05	52 896	97 109	1.84	416 730	900 786	2.16
1 931 491	1.72	721 235	1 618 558	2.24	543 156	1 310 797	2.41
17 400	0.22	700	1 300	1.86	8 200	16 700	2.04
181 900	1.88	7 200	13 700	1.90	15 400	42 700	2.77
1 276 257	3.59	78 814	338 900	4.30	55 388	380 805	6.88
47 937	2.19	13 337	32 077	2.41	41 716	86 651	2.08
473 967	2.01	29 034	61 604	2.12	297 786	608 943	2.04
42 430	1.71	3 704	6 409	1.73	7 704	13 653	1.77
38 962	1.58	1 280	1 909	1.49	37 930	52 403	1.38
113 074	1.90	7 137	9 786	1.37	46 160	80 756	1.75
495 915	3.00	13 919	30 622	2.20	277 902	949 639	3.42
539 138	1.95	25 562	53 473	2.09	212 804	422 221	1.98
80 589	2.22	8 835	13 724	1.55	31 802	69 782	2.19
160 045	1.50	2 679	4 777	1.78	191 145	297 282	1.56
17 254	3.08	3 726	9 538	2.56	12 609	32 783	2.60
192 359	2.83	4 245	12 807	3.02	79 581	228 778	2.87
1 636	1.17	151	208	1.38	3 847	4 356	1.13
4 115	3.90	165	578	3.50	1 295	2 202	1.70
18 081	3.00	213	639	3.00	7 036	21 108	3.00
11 196	1.42	1 774	4 183	2.36	15 195	28 434	1.87

5-6 2014 年主要城市接待
FOREIGN TOURISTS BY MAJOR

城市名称 NAME OF CITY	合 计 TOTAL	#日本 JAPAN	#韩国 KOREA	#马来西亚 MALA-YSIA	#菲律宾 PHILIP-PINES	#新加坡 SINGA-PORE
北 京 BEIJING	3 654 522	248 831	386 839	81 484	19 277	116 459
天 津 TIANJIN	674 931	214 630	148 426	11 900	3 112	21 676
石家庄 SHIJIAZHUANG	84 093	11 701	7 910	2 028	219	2 338
秦皇岛 QINHUANGDAO	172 102	17 768	21 644	3 613	2 686	5 071
承 德 CHENGDE	122 605	3 003	6 926	9 890	3 954	7 238
太 原 TAIYUAN	98 948	5 052	28 714	1 102	912	1 298
大 同 DATONG	50 581	1 483	18 945	321	89	653
呼和浩特 HOHHOT	91 923	6 755	6 776	707	674	928
沈 阳 SHENYANG	473 477	98 912	343 393	926	150	1 641
大 连 DALIAN	823 598	222 384	334 546	13 986	5 496	19 945
长 春 CHANGCHUN	314 446	38 724	58 276	4 349	4 136	39 297
吉 林 JILIN	59 542	4 715	28 911	180	240	526
延 边 YANBIAN	567 533	1 058	352 522	0	0	32
哈尔滨 HARBIN	169 165	16 466	7 556	2 229	546	4 456
上 海 SHANGHAI	5 233 373	828 411	582 110	173 140	200 286	177 409
南 京 NANJING	415 635	33 226	79 655	15 802	3 905	12 961
无 锡 WUXI	290 885	70 799	54 250	21 960	3 750	11 729
苏 州 SUZHOU	827 532	198 511	146 531	48 859	8 514	31 136
南 通 NANTONG	166 198	66 049	11 612	6 129	2 196	6 755
连云港 LIANYUNGANG	18 929	3 257	5 159	368	1 249	333
杭 州 HANGZHOU	697 424	45 265	90 234	33 751	3 697	30 900
宁 波 NINGBO	405 009	48 123	44 031	8 857	4 500	10 251
温 州 WENZHOU	240 885	7 943	7 399	2 405	1 753	3 510
合 肥 HEFEI	190 614	35 320	31 376	4 030	2 140	8 479
黄 山 HUANGSHAN	792 167	25 916	479 779	29 579	1 695	23 864
福 州 FUZHOU	331 132	38 800	12 666	38 401	6 220	26 953
厦 门 XIAMEN	562 657	89 043	31 015	56 797	17 581	58 644
泉 州 QUANZHOU	166 741	9 338	8 361	25 285	6 972	11 576
漳 州 ZHANGZHOU	76 822	18 761	3 596	8 914	916	6 959

外国过夜游客人数（按国籍分）
CITIES & NATIONALITY 2014

单　位：人次
UNIT：ARRIVALS

#泰国 THAI-LAND	#美国 U.S.A.	#加拿大 CANADA	#英国 UNITED KINGDOM	#法国 FRANCE	#德国 GERMANY	#俄罗斯 RUSSIA	#澳大利亚 AUSTRALIA
52 706	714 891	139 838	169 111	133 830	225 954	136 794	145 996
4 604	63 895	8 645	16 915	9 985	27 511	4 829	13 650
753	7 613	2 240	2 684	2 621	2 361	3 126	2 134
2 716	4 818	2 794	5 577	5 061	6 405	33 663	3 041
3 027	6 929	4 774	7 433	7 933	7 029	6 218	3 508
687	8 415	1 265	1 303	6 742	1 984	1 162	306
306	2 437	623	896	215	732	2 378	702
1 957	4 158	868	1 186	934	1 109	8 714	1 421
846	2 854	1 181	905	1 737	13 145	864	1 292
3 691	41 347	11 872	10 312	8 114	22 852	71 904	11 954
3 747	11 072	7 600	8 865	8 947	48 680	45 767	7 634
214	2 118	603	418	431	2 815	14 915	3 456
0	6	1	35	56	65	213 758	0
2 000	20 195	4 167	4 738	5 239	5 546	35 441	4 461
70 060	632 512	140 460	185 906	178 128	260 812	86 807	168 132
4 161	54 277	16 925	13 833	9 377	23 356	3 831	16 050
4 034	28 555	12 378	5 256	3 921	12 003	1 825	9 128
8 756	83 013	27 698	24 124	22 571	44 555	4 233	18 575
1 706	7 876	2 205	4 587	1 512	5 044	1 688	3 333
65	1 218	338	243	470	461	1 466	361
11 384	103 413	19 638	22 155	15 937	28 766	6 218	22 453
3 994	38 614	7 576	15 227	9 341	36 943	6 381	9 910
2 227	14 337	3 116	7 910	11 636	9 892	6 589	2 900
3 440	24 940	4 656	4 960	5 150	8 949	7 360	5 393
4 897	82 940	11 073	12 686	23 683	11 393	4 498	5 106
3 677	46 593	7 292	10 333	6 189	9 561	3 690	7 955
9 280	65 406	14 364	14 530	10 963	19 118	4 670	16 973
1 576	8 916	1 819	4 147	3 037	3 764	3 318	2 335
2 241	5 008	1 629	3 226	2 146	2 345	420	2 727

5-6（续1）

城市名称 NAME OF CITY	合 计 TOTAL	#日本 JAPAN	#韩国 KOREA	#马来西亚 MALA-YSIA	#菲律宾 PHILIP-PINES	#新加坡 SINGA-PORE
南　昌 NANCHANG	88 056	4 290	8 068	1 323	918	2 974
九　江 JIUJIANG	122 062	2 773	5 602	4 591	3 470	6 544
济　南 JINAN	137 967	19 074	27 353	7 513	1 971	10 960
青　岛 QINGDAO	599 369	109 357	261 575	11 332	13 154	12 525
烟　台 YANTAI	279 582	35 087	170 513	2 320	3 507	6 716
威　海 WEIHAI	280 962	9 779	229 422	384	605	819
郑　州 ZHENGZHOU	167 671	28 136	35 692	9 680	3 048	3 612
洛　阳 LUOYANG	149 747	6 783	30 252	11 292	750	2 369
武　汉 WUHAN	1 383 756	368 571	53 911	32 341	6 464	38 194
长　沙 CHANGSHA	297 602	53 849	121 438	8 498	1 431	10 357
广　州 GUANGZHOU	3 002 563	246 764	119 883	150 849	33 279	85 245
深　圳 SHENZHEN	1 615 539	316 669	173 537	95 042	21 063	87 256
珠　海 ZHUHAI	523 651	38 264	8 265	33 154	2 754	24 562
汕　头 SHANTOU	87 400	8 157	5 566	6 095	409	13 315
湛　江 ZHANJIANG	106 100	3 210	2 560	4 885	4 862	4 896
中　山 ZHONGSHAN	112 330	19 647	7 317	10 524	1 098	6 099
南　宁 NANNING	185 163	2 228	26 697	9 604	5 404	16 769
桂　林 GUILIN	735 821	13 664	146 803	125 281	2 252	50 498
北　海 BEIHAI	38 227	2 643	1 960	1 269	542	1 203
海　口 HAIKOU	73 037	2 358	5 628	9 791	423	17 757
三　亚 SANYA	275 955	8 338	13 505	8 954	1 366	15 690
重　庆 CHONGQING	806 452	102 250	121 646	34 853	5 205	45 553
成　都 CHENGDU	1 463 509	145 353	94 890	75 016	8 411	96 324
贵　阳 GUIYANG	69 072	5 764	4 635	3 272	1 037	4 142
昆　明 KUNMING	891 716	8 873	97 037	73 905	592	49 040
拉　萨 LHASA	123 978	3 371	3 860	5 595	1 565	3 537
西　安 XI’AN	1 090 649	36 221	106 373	27 114	1 616	12 316
兰　州 LANZHOU	7 772	357	177	381	14	307
西　宁 XINING	29 784	2 821	1 320	1 572	228	1 465
银　川 YINCHUAN	12 458	1 472	994	440	132	424
乌鲁木齐 URUMQI	293 522	5 149	8 120	6 487	796	3 821

#泰国 THAI-LAND	#美国 U.S.A.	#加拿大 CANADA	#英国 UNITED KINGDOM	#法国 FRANCE	#德国 GERMANY	#俄罗斯 RUSSIA	#澳大利亚 AUSTRALIA
2 893	20 378	3 047	3 584	3 119	3 415	2 983	2 268
833	8 705	6 801	6 745	5 965	6 597	4 246	7 407
2 356	15 281	3 858	6 595	4 467	9 875	3 493	6 053
2 937	39 847	7 180	17 277	13 899	16 449	18 199	11 615
842	9 216	3 968	7 001	6 624	7 007	3 452	3 112
224	3 224	590	1 526	797	1 135	15 662	525
4 568	12 316	11 176	2 672	3 004	6 108	3 436	7 256
7 730	7 182	1 385	1 914	16 285	18 809	6 358	7 159
13 496	182 384	36 618	61 059	108 489	135 172	5 764	63 604
4 061	24 345	4 378	8 001	5 722	3 685	6 692	4 822
75 866	170 027	38 092	68 448	65 426	39 387	75 915	53 581
38 065	248 450	35 841	44 752	43 265	40 401	20 168	41 405
8 954	31 021	7 421	8 964	4 123	7 852	1 654	4 659
13 043	4 661	1 104	1 833	1 709	1 612	1 329	2 315
7 850	3 560	3 520	2 589	1 520	652	3 647	3 887
2 171	14 310	3 406	3 013	1 618	2 660	1 800	4 200
22 319	2 786	2 584	3 284	2 528	2 684	2 256	2 525
25 055	61 068	26 117	25 421	32 080	22 822	2 593	22 701
677	3 258	1 511	1 076	879	1 104	354	778
2 560	5 889	2 444	1 408	1 033	947	1 452	2 367
2 752	17 171	6 635	5 323	4 968	9 434	95 151	5 622
70 335	92 889	26 363	30 589	25 648	41 107	8 678	28 637
47 641	234 313	55 325	141 191	61 032	65 483	13 550	80 838
1 919	8 278	2 609	4 240	4 246	2 421	2 155	2 589
94 561	31 464	9 867	73 769	22 932	17 664	1 033	17 722
2 015	28 715	4 079	4 777	5 000	6 636	4 530	3 804
9 528	123 552	27 742	47 536	39 862	42 874	10 010	39 382
128	980	354	352	238	460	141	197
311	5 200	1 476	1 800	1 827	2 242	1 247	1 511
285	1 562	384	265	376	784	640	416
838	2 794	2 527	3 278	4 689	1 949	158 915	3 978

六、星级饭店基本情况

6. STATISTICS OF STAR-RATED HOTELS

6-1 2014年全国星级饭店

BREAKDOWN OF STAR-RATED HOTELS BY

饭店类型和星级	ECONOMIC TYPE & STAR-RATED	饭店数（家）NO. OF HOTELS	客房数（间/套）NO. OF ROOMS	床位数（张）NO. OF BEDS
一、饭店经济类型	ECONOMIC TYPE			
合计	**TOTAL**	**11 180**	**1 497 899**	**2 624 815**
内资企业	**Domestic Funded**			
国有企业	Stata-owend Enterprises	2 678	374 061	659 373
集体企业	Collective-owend Enterprises	391	41 903	75 701
股份合作企业	Cooperative Enterprises	274	32 560	58 769
国有联营	State Joint Ownership Enterprises	16	1 679	2 936
集体联营	Collective Joint Ownership Enterprises	17	1 467	2 555
国有与集体联营	Joint Stata-collective Enterprises	7	562	1 076
其他联营	Other Joint Ownership Enterprises	16	2 218	3 647
国有独资公司	State Sole funded Corporations	356	55 326	87 962
其他有限责任公司	Other Limited Liabiliti Corporations	342	61 071	100 013
股份有限公司	Share-holding Corporations Limited	638	90 784	153 314
私营独资	Private Enterprises	2 032	183 569	320 793
私营合伙	Private-funded Enterprises	392	39 371	66 057
私营有限责任公司	Private Partnership Enterprises	1 985	254 519	513 668
私营股份有限公司	Private Share-holding Corporations Ltd.	231	34 425	60 211
其他	Other Enterprises	1 363	206 926	343 078
港澳台商投资	**Enterprises with Funds from Hong Kong, Macao and Taiwan**			
与港澳台商合资经营	Joint-ventures Enterprises	93	31 135	45 149
与港澳台商合作经营	Cooperative Enterprises	25	7 348	11 222
港澳台商独资	Enterprise with Sole investment	81	21 974	34 027
港澳台商投资股份有限公司	Share-holding Corporations Ltd.	18	3 666	5 737
外商投资	**Foreign Funded Enterprises**			
中外合资经营	Joint-venture Enterprises	109	25 958	38 650
中外合作经营	Cooperation Enterprises	25	5 657	8 785
外资企业	Enterprise with Sole Funds	74	18 727	27 659
外商投资股份有限公司	Share-holding Corporations Ltd.	17	2 993	4 433
二、饭店星级	STAR-RATED HOTEL			
合计	**TOTAL**	**11 180**	**1 497 899**	**2 624 815**
五星级	5-STAR	745	260 907	387 467
四星级	4-STAR	2 373	469 737	782 336
三星级	3-STAR	5 406	592 338	1 130 479
二星级	2-STAR	2 557	170 001	315 113
一星级	1-STAR	99	4 916	9 420

基本情况（按经济类型和星级分）
ECONOMIC TYPE, STAR-RATED & FINANCE 2014

客房出租率（%） ROOM OCCUPANCY（%）	营业收入（千元） TOTAL REVENUE（1000 RMB ¥）	营业税金及附加（千元） TAX（1000 RMB ¥）	固定资产原价（千元） FIXED ASSETS（1000 RMB ¥）
54.20	**215 144 801.03**	**12 529 243.37**	**500 947 727.65**
54.93	54 876 865.92	2 951 805.18	150 774 773.15
52.29	4 897 229.60	274 688.10	12 082 806.17
51.67	3 379 428.54	180 750.14	6 968 011.94
43.61	140 555.18	7 059.61	656 210.65
65.31	107 953.84	6 225.44	264 251.26
48.19	53 063.72	3 304.37	271 334.65
55.36	288 675.54	16 381.59	324 046.04
59.47	10 712 603.08	591 152.51	21 292 313.89
56.07	12 070 758.88	664 446.73	26 782 959.63
55.50	13 522 251.34	698 241.07	30 806 105.39
52.25	16 642 412.74	946 750.23	33 234 069.96
56.48	4 588 204.20	257 939.49	8 382 533.56
51.85	27 499 662.21	2 026 261.86	56 302 340.95
53.82	3 446 558.58	186 736.86	7 239 042.90
54.34	33 910 989.79	2 049 969.20	70 735 370.56
58.60	7 750 947.45	443 028.30	19 104 743.81
59.50	1 900 730.43	105 358.15	3 345 428.68
56.80	4 356 313.31	240 095.81	13 823 182.84
58.18	1 017 948.03	61 686.22	2 564 263.12
56.18	7 400 575.78	434 744.38	18 345 352.99
55.58	1 400 715.16	80 331.34	3 105 881.66
58.58	4 558 744.29	268 104.85	12 320 113.65
60.39	621 613.43	34 181.97	2 222 590.20
54.20	**215 144 801.03**	**12 529 243.37**	**500 947 727.65**
55.41	76 514 696.13	4 366 823.02	189 523 389.15
54.75	73 325 332.70	4 567 208.56	179 927 334.22
53.55	54 554 173.89	2 941 403.82	112 225 857.31
53.25	10 564 299.88	644 019.21	18 790 990.47
49.41	186 298.44	9 788.76	480 156.50

6-2 2014年全国星级饭店

BREAKDOWN OF STAR-RATED HOTELS, ROOMS,

地 区 LOCALITY	饭店数 （家） NUMBER OF HOTELS	客房数 （间/套） NUMBER OF ROOMS	床位数 （张） NUMBER OF BEDS
总 计 TOTAL	**11 180**	**1 497 899**	**2 624 815**
北 京 BEIJING	523	105 671	175 564
天 津 TIANJIN	93	18 527	28 867
河 北 HEBEI	391	52 123	92 756
山 西 SHANXI	251	30 475	53 446
内 蒙 古 INNER MONGOLIA	272	28 389	50 105
辽 宁 LIAONING	405	52 426	88 194
吉 林 JILIN	187	18 538	33 233
黑 龙 江 HEILONGJIANG	203	21 401	38 870
上 海 SHANGHAI	240	57 428	86 777
江 苏 JIANGSU	650	89 442	144 316
浙 江 ZHEJIANG	792	114 016	190 586
安 徽 ANHUI	367	46 328	80 815
福 建 FUJIAN	374	59 182	94 266
江 西 JIANGXI	322	40 898	70 672
山 东 SHANDONG	724	91 089	156 454
河 南 HENAN	303	36 243	64 178
湖 北 HUBEI	416	48 221	87 302
湖 南 HUNAN	420	51 011	88 082
广 东 GUANGDONG	832	136 580	215 023
广 西 GUANGXI	401	53 540	93 734
海 南 HAINAN	133	25 640	44 320
重 庆 CHONGQING	236	31 163	52 125
四 川 SICHUAN	388	52 049	86 494
贵 州 GUIZHOU	282	26 312	44 646
云 南 YUNNAN	624	58 964	183 816
西 藏 TIBET	113	9 956	20 116
陕 西 SHAANXI	325	42 641	77 848
甘 肃 GANSU	313	32 448	59 974
青 海 QINGHAI	144	13 271	25 704
宁 夏 NINGXIA	90	9 621	16 326
新 疆 XINJIANG	366	44 306	80 206

基本情况（按地区分）
OCCUPANCIES & FINANCE BY LOCALITY 2014

客房出租率（%）ROOM OCCU-PANCY（%）	营业收入（千元）TOTAL REVENUE（1000 RMB ¥）	营业税金及附加（千元）TAX（1000 RMB ¥）	固定资产原价（千元）FIXED ASSETS（1000 RMB ¥）
54.20	**215 144 801.03**	**12 529 243.37**	**500 947 727.65**
55.26	26 083 445.00	1 458 596.00	69 644 533.00
49.21	2 613 440.69	145 942.50	3 967 484.19
44.47	5 579 349.37	315 782.74	18 299 355.20
51.78	3 373 386.32	170 771.14	9 255 315.43
46.09	2 646 096.84	133 796.79	8 817 757.09
48.65	5 968 333.09	328 590.99	18 470 057.11
46.04	1 830 850.03	102 480.54	6 322 364.56
44.18	1 881 503.58	160 607.60	5 835 106.84
63.70	18 920 366.10	1 216 303.10	35 277 142.11
57.85	16 382 989.30	890 576.20	31 384 150.20
54.76	22 025 239.84	1 148 031.67	43 451 689.55
51.40	5 141 439.87	287 492.08	11 892 635.82
57.82	9 057 445.67	532 993.80	15 127 084.94
54.95	3 349 608.84	161 235.83	7 366 372.12
55.88	12 415 452.12	706 061.97	30 562 711.19
52.31	3 505 581.55	193 816.46	7 699 268.44
57.26	4 974 846.89	282 865.64	11 679 243.01
67.73	7 627 305.01	285 021.87	13 841 515.92
55.41	23 088 681.52	1 287 702.17	44 831 964.58
53.99	3 840 195.82	204 415.56	10 048 072.68
56.37	4 221 645.76	226 683.71	10 286 393.46
56.24	4 494 677.37	250 024.49	9 200 086.30
57.61	6 685 819.24	355 444.60	18 252 357.75
57.74	2 411 543.74	129 610.42	5 265 773.46
51.80	4 369 639.42	307 004.30	16 771 228.14
51.12	662 368.26	74 308.07	3 401 597.98
53.18	4 380 290.97	244 775.27	11 885 135.88
48.27	2 313 748.82	121 493.21	6 324 421.65
39.57	875 124.18	45 705.09	2 174 067.47
42.03	788 179.10	42 132.68	2 109 090.92
46.28	3 636 206.74	718 976.89	11 503 750.68

6-3 2014 年全国各地区
NUMBER OF STAR-RATED HOTELS

地区 LOCALITY	内资企业				
	国有企业 STATE-OWNED ENTER-PRISES	集体企业 COLLEC-TIVE-OWNED ENTER-PRISES	股份合作企业 COOPE-RATIVE ENTER-PRISES	国有联营 STATE JOINT OWNERSHIP ENTER-PRISES	集体联营 COLLECTIVE JOINT OWNERSHIP ENTER-PRISES
总计 TOTAL	**2 678**	**391**	**274**	**16**	**17**
北京 BEIJING	148	32	15	0	0
天津 TIANJIN	0	0	1	0	0
河北 HEBEI	142	13	9	1	0
山西 SHANXI	84	7	7	0	0
内蒙古 INNER MONGOLIA	54	9	4	1	0
辽宁 LIAONING	111	21	3	1	1
吉林 JILIN	57	20	2	0	1
黑龙江 HEILONGJIANG	77	4	7	2	0
上海 SHANGHAI	86	13	3	0	0
江苏 JIANGSU	119	19	12	0	0
浙江 ZHEJIANG	103	38	32	0	2
安徽 ANHUI	91	11	14	1	0
福建 FUJIAN	89	11	8	0	0
江西 JIANGXI	97	4	7	0	0
山东 SHANDONG	228	43	22	0	3
河南 HENAN	85	22	8	1	0
湖北 HUBEI	105	10	13	1	0
湖南 HUNAN	90	6	17	1	0
广东 GUANGDONG	107	20	6	3	2
广西 GUANGXI	83	8	8	1	1
海南 HAINAN	33	1	4	0	1
重庆 CHONGQING	58	8	5	0	0
四川 SICHUAN	49	4	4	1	0
贵州 GUIZHOU	63	1	8	1	0
云南 YUNNAN	124	24	14	0	3
西藏 TIBET	27	7	0	1	2
陕西 SHAANXI	103	7	23	0	1
甘肃 GANSU	103	13	4	0	0
青海 QINGHAI	22	4	3	0	0
宁夏 NINGXIA	13	2	5	0	0
新疆 XINJIANG	127	9	6	0	0

星级饭店数（按经济类型分）
BY ECONOMIC TYPE 2014

单　位：家
UNIT：NUMBER

DOMESTIC FUNDED						
国有与集体联营 JOINT STATE-COLLECTIVE ENTERPRISES	其他联营 OTHER JOINT OWNERSHIP ENTERPRISES	国有独资公司 STATE SOLE FUNDED CORPORATIONS	其他有限责任公司 OTHER LIMITED LIABILITY CORPORATIONS	股份有限公司 SHARE-HOLDING CORPORATIONS LIMITED	私营独资 PRIVATE ENTERPRISES	私营合伙 PRIVATE-FUNDED ENTERPRISES
7	**16**	**356**	**342**	**638**	**2 032**	**392**
0	0	19	184	9	3	2
0	0	0	0	8	1	0
1	0	0	0	18	51	2
1	0	1	0	26	31	4
0	1	1	0	14	74	4
0	2	2	0	18	79	5
0	1	0	0	7	36	0
0	0	0	0	9	46	1
1	0	20	0	14	11	0
0	0	263	0	44	144	0
1	3	2	0	67	92	81
0	0	1	0	27	57	7
0	1	1	0	12	35	28
0	0	0	0	26	45	14
0	3	0	0	65	74	5
0	0	1	0	17	45	5
0	1	3	0	22	74	29
0	0	0	0	30	118	27
0	1	20	95	29	99	46
0	1	2	0	16	122	29
0	0	1	0	2	15	1
0	0	1	0	11	41	16
0	0	5	63	34	71	12
0	0	2	0	17	100	9
0	1	2	0	27	274	20
0	0	0	0	5	35	11
0	0	3	0	21	30	6
3	1	1	0	19	66	2
0	0	0	0	5	50	8
0	0	2	0	5	17	4
0	0	3	0	14	96	14

6-3（续1）

地　区 LOCALITY	私营有限责任公司 PRIVATE PARTNERSHIP ENTERPRISES	私营股份有限公司 SHARE-HOLDING CORPORATIONS LTD.	其他 OTHER ENTERPRISES	港澳台商投资 与港澳台商合资经营 JOINT-VENTURES ENTERPRISES	与港澳台商合作经营 COOPERATIVE ENTERPRISES
总　计 TOTAL	**1 985**	**231**	**1 363**	**93**	**25**
北　京 BEIJING	64	2	0	25	2
天　津 TIANJIN	1	0	81	0	0
河　北 HEBEI	75	7	63	3	0
山　西 SHANXI	53	7	28	2	0
内蒙古 INNER MONGOLIA	73	3	32	0	0
辽　宁 LIAONING	67	7	49	4	1
吉　林 JILIN	36	3	22	1	0
黑龙江 HEILONGJIANG	26	4	24	1	0
上　海 SHANGHAI	31	1	56	0	0
江　苏 JIANGSU	0	0	15	6	0
浙　江 ZHEJIANG	237	15	87	3	0
安　徽 ANHUI	85	12	52	2	0
福　建 FUJIAN	85	12	44	8	0
江　西 JIANGXI	69	17	32	1	0
山　东 SHANDONG	140	12	106	5	0
河　南 HENAN	57	7	52	1	0
湖　北 HUBEI	77	11	54	1	2
湖　南 HUNAN	72	28	22	2	0
广　东 GUANGDONG	135	13	175	12	17
广　西 GUANGXI	84	8	30	1	0
海　南 HAINAN	24	5	32	4	2
重　庆 CHONGQING	53	9	28	3	0
四　川 SICHUAN	68	14	55	1	0
贵　州 GUIZHOU	47	4	27	1	0
云　南 YUNNAN	71	10	40	4	0
西　藏 TIBET	17	1	6	0	0
陕　西 SHAANXI	57	4	59	2	1
甘　肃 GANSU	66	11	22	0	0
青　海 QINGHAI	28	0	24	0	0
宁　夏 NINGXIA	32	1	8	0	0
新　疆 XINJIANG	55	3	38	0	0

ENTERPRISES WITH FUNDS FROM HONG KONG, MACAO AND TAIWAN		外商投资 FOREIGN FUNDED ENTERPRISES			
港澳台商独资 ENTERPRISE WITH SOLE INVESTMENT	港澳台商投资股份有限公司 SHARE-HOLDING CORPORATIONS LTD.	中外合资经营 JOINT-VENTURE ENTERPRISES	中外合作经营 COOPERATION ENTERPRISES	外资企业 ENTERPRISE WITH SOLE FUNDS	外商投资股份有限公司 SHARE-HOLDING CORPORATIONS LTD.
81	**18**	**109**	**25**	**74**	**17**
2	0	13	3	0	0
0	0	0	0	1	0
1	1	2	0	2	0
0	0	0	0	0	0
1	0	0	0	0	1
4	1	18	1	8	2
0	0	0	0	1	0
0	0	0	0	2	0
0	0	0	0	4	0
9	0	11	2	4	2
5	8	8	1	3	4
3	1	1	0	2	0
13	1	13	3	10	0
2	1	2	0	3	2
5	0	11	0	1	1
0	0	1	1	0	0
4	0	3	0	4	2
2	2	1	0	2	0
18	2	12	8	11	1
6	0	0	1	0	0
1	0	3	0	4	0
0	0	0	0	2	1
2	0	1	1	3	0
1	0	0	0	1	0
0	1	3	1	4	1
0	0	0	0	1	0
1	0	3	3	1	0
1	0	1	0	0	0
0	0	0	0	0	0
0	0	1	0	0	0
0	0	1	0	0	0

6-4 2014年全国各地区
NUMBER OF STAR-RATED

地 区 LOCALITY	星级饭店合计 TOTAL	五星级 5-STAR
总 计 TOTAL	**11 180**	**745**
北 京 BEIJING	523	58
天 津 TIANJIN	93	16
河 北 HEBEI	391	22
山 西 SHANXI	251	17
内蒙古 INNER MONGOLIA	272	8
辽 宁 LIAONING	405	22
吉 林 JILIN	187	3
黑龙江 HEILONGJIANG	203	5
上 海 SHANGHAI	240	59
江 苏 JIANGSU	650	78
浙 江 ZHEJIANG	792	72
安 徽 ANHUI	367	20
福 建 FUJIAN	374	43
江 西 JIANGXI	322	11
山 东 SHANDONG	724	28
河 南 HENAN	303	8
湖 北 HUBEI	416	19
湖 南 HUNAN	420	16
广 东 GUANGDONG	832	102
广 西 GUANGXI	401	10
海 南 HAINAN	133	22
重 庆 CHONGQING	236	27
四 川 SICHUAN	388	20
贵 州 GUIZHOU	282	6
云 南 YUNNAN	624	20
西 藏 TIBET	113	1
陕 西 SHAANXI	325	10
甘 肃 GANSU	313	4
青 海 QINGHAI	144	2
宁 夏 NINGXIA	90	0
新 疆 XINJIANG	366	16

星级饭店数（按星级分）
HOTELS BY STAR-RATED 2014

单 位：家
UNET：NUMBER

四星级 4-STAR	三星级 3-STAR	二星级 2-STAR	一星级 1-STAR
2 373	**5 406**	**2 557**	**99**
126	195	139	5
34	37	6	0
126	183	58	2
61	125	48	0
34	104	125	1
76	211	93	3
45	92	47	0
47	105	44	2
65	83	32	1
178	292	102	0
175	329	203	13
102	167	77	1
129	175	26	1
91	181	39	0
153	432	111	0
47	180	66	2
74	190	132	1
54	198	146	6
147	491	89	3
63	231	96	1
38	60	10	3
52	120	37	0
101	148	116	3
50	125	86	15
59	225	298	22
27	33	48	4
44	205	66	0
56	160	86	7
27	66	48	1
31	51	8	0
61	212	75	2

6-5 2014年全国星级
MAJOR STATISTICS IN

地方/项目 LOCALITY/ITEM	全员劳动生产率（千元/人）OLP（1000 RMB￥/PER SON）	人均占用固定资产原价（千元/人）AF（1000 RMB￥/PER SON）	百元固定资产创营业收入（元）REVEN/100F.A RMB￥）
总　　计 TOTAL	**157.98**	**367.84**	**42.95**
北　　京 BEIJING	258.39	689.93	37.45
天　　津 TIANJIN	156.11	236.99	65.87
河　　北 HEBEI	110.02	360.86	30.49
山　　西 SHANXI	101.93	279.65	36.45
内 蒙 古 INNER MONGOLIA	114.08	380.16	30.01
辽　　宁 LIAONING	141.42	437.65	32.31
吉　　林 JILIN	115.74	399.67	28.96
黑 龙 江 HEILONGJIANG	126.43	392.09	32.24
上　　海 SHANGHAI	340.06	634.05	53.63
江　　苏 JIANGSU	181.52	347.72	52.20
浙　　江 ZHEJIANG	204.98	404.38	50.69
安　　徽 ANHUI	133.53	308.88	43.23
福　　建 FUJIAN	147.68	246.64	59.88
江　　西 JIANGXI	108.20	237.95	45.47
山　　东 SHANDONG	108.27	266.51	40.62
河　　南 HENAN	110.46	242.60	45.53
湖　　北 HUBEI	131.80	309.42	42.60
湖　　南 HUNAN	153.28	278.16	55.10
广　　东 GUANGDONG	164.25	318.93	51.50
广　　西 GUANGXI	113.10	295.93	38.22
海　　南 HAINAN	203.44	495.71	41.04
重　　庆 CHONGQING	151.07	309.22	48.85
四　　川 SICHUAN	138.83	379.02	36.63
贵　　州 GUIZHOU	119.36	260.63	45.80
云　　南 YUNNAN	99.36	381.36	26.05
西　　藏 TIBET	142.81	733.42	19.47
陕　　西 SHAANXI	118.78	322.29	36.86
甘　　肃 GANSU	97.57	266.70	36.58
青　　海 QINGHAI	111.54	277.09	40.25
宁　　夏 NINGXIA	107.12	286.64	37.37
新　　疆 XINJIANG	127.94	404.76	31.61

饭店主要经济指标
STAR-RATED HOTELS 2014

平均客房出租率（%） AOR（%）	营业收入总额（千元） TOTAL REVENUE（1000RMB ¥）	营业收入构成（%） BREAKDOWN OF TOTAL REVENUE		
		客 房 ROOM	餐 饮 FOOD & BEVERAGE	其 他 OTHERS
54.20	**215 144 801.03**	**43.53**	**41.13**	**15.34**
55.26	26 083 445.00	46.87	30.78	22.36
49.21	2 613 440.69	47.66	38.17	14.17
44.47	5 579 349.37	38.58	47.07	14.35
51.78	3 373 386.32	39.29	43.78	16.93
46.09	2 646 096.84	41.34	50.10	8.56
48.65	5 968 333.09	43.57	43.34	13.09
46.04	1 830 850.03	43.21	45.16	11.63
44.18	1 881 503.58	51.46	35.52	13.02
63.70	18 920 366.10	46.45	34.50	19.05
57.85	16 382 989.30	36.06	55.28	8.66
54.76	22 025 239.84	34.86	47.81	17.33
51.40	5 141 439.87	41.93	49.39	8.68
57.82	9 057 445.67	43.84	44.48	11.68
54.95	3 349 608.84	50.43	40.11	9.46
55.88	12 415 452.12	38.45	48.81	12.73
52.31	3 505 581.55	39.11	46.80	14.09
57.26	4 974 846.89	49.79	39.03	11.18
67.73	7 627 305.01	39.28	34.82	25.90
55.41	23 088 681.52	43.33	39.73	16.94
53.99	3 840 195.82	47.69	40.33	11.98
56.37	4 221 645.76	57.98	27.75	14.27
56.24	4 494 677.37	46.47	37.97	15.55
57.61	6 685 819.24	48.00	38.63	13.37
57.74	2 411 543.74	55.65	34.26	10.09
51.80	4 369 639.42	57.96	30.15	11.90
51.12	662 368.26	65.52	19.85	14.63
53.18	4 380 290.97	44.63	45.86	9.52
48.27	2 313 748.82	51.47	39.72	8.81
39.57	875 124.18	56.50	33.49	10.01
42.03	788 179.10	41.04	52.86	6.10
46.28	3 636 206.74	43.62	41.97	14.41

七、旅行社基本情况

7. STATISTICS OF TRAVEL AGENCIES

7-1　2013~2014 年全国旅行社单位数
NUMBER OF TRAVEL AGENCIES 2013—2014

单　位：家
UNIT：NUMBER

地　　区 LOCALITY	旅行社总数 TOTAL TRAVEL AGENCIES	
	2013年 2013	2014年 2014
总　　计 TOTAL	**26 054**	**26 650**
北　　京 BEIJING	1 145	1 302
天　　津 TIANJIN	383	377
河　　北 HEBEI	1 271	1 343
山　　西 SHANXI	788	771
内 蒙 古 INNER MONGOLIA	890	887
辽　　宁 LIAONING	1 165	1 210
吉　　林 JILIN	553	582
黑 龙 江 HEILONGJIANG	664	663
上　　海 SHANGHAI	1 139	1 185
江　　苏 JIANGSU	2 073	2 099
浙　　江 ZHEJIANG	1 988	2 036
安　　徽 ANHUI	1 037	1 046
福　　建 FUJIAN	784	805
江　　西 JIANGXI	768	751
山　　东 SHANDONG	2 001	2 054
河　　南 HENAN	1 133	1 100
湖　　北 HUBEI	1 058	1 050
湖　　南 HUNAN	770	751
广　　东 GUANGDONG	1 656	1 792
广　　西 GUANGXI	513	537
海　　南 HAINAN	352	352
重　　庆 CHONGQING	504	504
四　　川 SICHUAN	586	457
贵　　州 GUIZHOU	273	299
云　　南 YUNNAN	622	704
西　　藏 TIBET	102	102
陕　　西 SHAANXI	679	687
甘　　肃 GANSU	431	423
青　　海 QINGHAI	217	237
宁　　夏 NINGXIA	95	114
新　　疆 XINJIANG	414	430

7-2　2014年旅行社外联、接待入境游客情况

INTERNATIONAL TOURISTS LIAISED AND RECEIVED BY TRAVEL AGENCIES 2014

单　位：人、人天
UNIT：PERSON, NIGHT

地　区 LOCALITY	外　联 LIAISED		接　待 RECEIVED	
	人　数 PERSONS	人天数 NIGHTS	人　数 PERSONS	人天数 NIGHTS
总　计 TOTAL	**14 100 446**	**61 659 390**	**20 025 557**	**68 551 526**
北　京 BEIJING	1 519 740	6 005 051	1 084 312	5 012 473
天　津 TIANJIN	35 994	148 335	80 222	160 906
河　北 HEBEI	117 346	563 604	129 827	601 311
山　西 SHANXI	53 951	275 115	132 809	838 838
内蒙古 INNER MONGOLIA	157 362	376 605	187 365	585 329
辽　宁 LIAONING	852 628	5 235 314	891 630	4 261 517
吉　林 JILIN	154 930	307 038	217 375	312 123
黑龙江 HEILONGJIANG	195 681	1 152 732	327 945	1 674 501
上　海 SHANGHAI	522 682	2 735 503	699 192	2 232 391
江　苏 JIANGSU	519 874	1 905 485	2 245 112	3 597 789
浙　江 ZHEJIANG	1 066 067	5 001 498	1 224 398	3 176 965
安　徽 ANHUI	85 614	551 681	260 604	829 494
福　建 FUJIAN	994 439	4 977 176	841 333	3 367 081
江　西 JIANGXI	13 817	76 024	135 228	716 076
山　东 SHANDONG	1 275 300	7 412 297	1 706 408	7 405 220
河　南 HENAN	183 587	827 904	227 662	511 515
湖　北 HUBEI	308 006	1 246 090	1 497 992	2 973 664
湖　南 HUNAN	620 814	4 172 653	1 200 970	6 271 556
广　东 GUANGDONG	3 500 596	8 814 846	3 919 695	11 068 712
广　西 GUANGXI	171 503	554 973	259 880	888 635
海　南 HAINAN	96 029	389 335	135 458	663 280
重　庆 CHONGQING	399 138	1 684 282	668 599	2 068 244
四　川 SICHUAN	468 274	2 888 949	545 801	4 447 875
贵　州 GUIZHOU	36 048	162 534	38 759	201 689
云　南 YUNNAN	169 815	627 048	340 950	952 840
西　藏 TIBET	19 811	66 348	33 779	102 141
陕　西 SHAANXI	503 719	3 270 357	869 368	3 177 883
甘　肃 GANSU	23 398	108 778	47 327	211 490
青　海 QINGHAI	4 332	16 748	16 272	33 412
宁　夏 NINGXIA	1 617	4 040	18 616	74 482
新　疆 XINJIANG	28 334	101 047	40 669	132 094

7-3 2014年旅行社组织、接待国内游客情况

DOMESTIC TOURISTS ORGANIZED AND RECEIVED BY TRAVEL AGENCIES 2014

单 位：人、人天

UNIT：PERSON, NIGHT

地 区 LOCALITY	组 织 ORGANIZED		接 待 RECEIVED	
	人 数 PERSONS	人天数 NIGHTS	人 数 PERSONS	人天数 NIGHTS
总 计 TOTAL	**131 166 562**	**415 458 339**	**144 577 734**	**349 784 376**
北 京 BEIJING	4 537 238	16 809 758	3 164 762	11 335 684
天 津 TIANJIN	1 404 305	5 400 280	802 888	1 600 866
河 北 HEBEI	2 762 631	8 322 081	1 931 701	4 349 192
山 西 SHANXI	1 670 905	6 967 198	1 693 783	7 551 455
内蒙古 INNER MONGOLIA	468 901	2 194 155	1 573 274	3 788 379
辽 宁 LIAONING	4 973 735	22 776 291	3 903 170	14 080 394
吉 林 JILIN	783 862	3 138 532	598 115	1 481 436
黑龙江 HEILONGJIANG	690 964	4 169 594	978 129	3 872 269
上 海 SHANGHAI	9 641 003	25 766 043	6 419 862	12 041 388
江 苏 JIANGSU	13 787 202	33 372 501	18 688 963	31 557 601
浙 江 ZHEJIANG	13 695 035	35 499 110	14 168 326	25 702 431
安 徽 ANHUI	3 294 709	12 099 857	4 783 888	11 255 134
福 建 FUJIAN	6 799 632	22 934 370	10 880 733	27 036 032
江 西 JIANGXI	1 399 773	4 184 136	1 477 030	4 373 160
山 东 SHANDONG	10 910 432	39 073 674	9 185 252	27 783 516
河 南 HENAN	2 143 754	7 178 893	1 499 810	3 081 173
湖 北 HUBEI	7 712 113	25 784 919	9 733 110	18 914 963
湖 南 HUNAN	4 755 372	15 644 892	5 165 109	16 103 927
广 东 GUANGDONG	21 203 947	49 628 089	13 960 071	26 519 991
广 西 GUANGXI	904 197	2 950 231	3 411 162	9 799 258
海 南 HAINAN	280 101	1 029 332	4 840 367	16 145 352
重 庆 CHONGQING	7 408 753	29 711 902	6 622 262	11 710 442
四 川 SICHUAN	4 415 019	17 225 224	5 322 588	19 878 542
贵 州 GUIZHOU	631 722	2 387 321	733 963	2 148 185
云 南 YUNNAN	1 470 112	6 795 416	8 746 432	26 519 814
西 藏 TIBET	27 152	139 563	81 572	454 275
陕 西 SHAANXI	2 403 624	9 458 629	2 799 936	6 231 398
甘 肃 GANSU	403 671	1 785 696	403 365	1 244 911
青 海 QINGHAI	134 413	785 188	365 510	1 049 644
宁 夏 NINGXIA	172 065	979 977	408 571	1 314 649
新 疆 XINJIANG	280 220	1 265 487	234 030	858 915

7-4 2014年旅行社主要经济指标

MAJOR STATISTICS OF TRAVEL AGENCIES BY LOCALITY 2014

单　位：千元

UNIT：1000 RMB ¥

地　　区 LOCALITY	营业收入 TOTAL REVENUE	营业税金及附加 TAX	固定资产原价 ORIGINAL VALUE OF FIXED ASSETS
总　计 TOTAL	**402 958 755.91**	**1 660 246.67**	**76 466 670.79**
北　京 BEIJING	75 601 598.00	276 122.66	11 999 380.72
天　津 TIANJIN	5 735 943.76	15 163.41	1 676 849.96
河　北 HEBEI	4 231 150.94	21 674.05	1 762 875.10
山　西 SHANXI	3 684 835.89	13 343.45	1 027 570.08
内蒙古 INNER MONGOLIA	1 635 899.76	15 141.27	892 327.94
辽　宁 LIAONING	8 910 533.20	33 064.78	1 389 718.85
吉　林 JILIN	1 394 024.28	6 158.43	358 208.77
黑龙江 HEILONGJIANG	2 810 969.13	21 493.69	667 849.40
上　海 SHANGHAI	59 431 491.27	189 845.22	3 843 766.05
江　苏 JIANGSU	25 395 579.63	112 673.41	7 765 904.21
浙　江 ZHEJIANG	25 667 112.07	124 708.09	5 759 839.26
安　徽 ANHUI	5 034 448.13	29 854.87	1 845 170.23
福　建 FUJIAN	15 796 078.02	68 259.16	4 356 316.19
江　西 JIANGXI	4 268 752.12	18 876.81	1 473 582.61
山　东 SHANDONG	14 477 718.70	76 374.38	5 834 254.85
河　南 HENAN	3 050 863.79	15 872.97	1 249 475.88
湖　北 HUBEI	11 365 490.10	56 077.31	4 977 484.50
湖　南 HUNAN	13 429 458.65	49 534.94	909 916.86
广　东 GUANGDONG	63 893 336.27	296 993.61	8 083 035.06
广　西 GUANGXI	5 843 323.09	27 213.03	704 279.05
海　南 HAINAN	5 321 638.88	15 788.38	483 235.34
重　庆 CHONGQING	12 675 500.54	32 299.82	2 301 241.84
四　川 SICHUAN	5 781 229.50	41 985.40	2 203 417.06
贵　州 GUIZHOU	2 060 544.88	8 149.87	219 070.78
云　南 YUNNAN	15 838 619.77	51 881.98	2 276 459.28
西　藏 TIBET	288 723.29	1 493.83	88 266.06
陕　西 SHAANXI	4 531 188.85	17 581.84	632 185.93
甘　肃 GANSU	1 115 554.42	6 642.59	529 842.22
青　海 QINGHAI	691 384.07	3 269.62	343 775.57
宁　夏 NINGXIA	956 758.47	2 532.57	141 106.90
新　疆 XINJIANG	2 039 006.46	10 175.22	670 264.24

八、旅游景区基本情况

8. STATISTICS OF TOURIST ATTRACTIONS

8-1　2014年全国各地区旅游景区单位数

NUMBER OF TOURIST ATTRACTIONS 2014

单　位：家
UNET：NUMBER

地　区 LOCALTY	旅游景区总数 NUMBER OF TOURIST ATTRACTIONS	AAAAA	AAAA	AAA	AA	A
总　计 TOTAL	**7 359**	**184**	**2 403**	**2 704**	**1 948**	**120**
北　京 BEIJING	207	7	63	85	42	10
天　津 TIANJIN	101	2	30	48	21	0
河　北 HEBEI	324	5	119	76	123	1
山　西 SHANXI	108	5	59	16	24	4
内蒙古 INNER MONGOLIA	265	2	60	101	100	2
辽　宁 LIAONING	267	3	77	129	50	8
吉　林 JILIN	176	3	47	60	42	24
黑龙江 HEILONGJIANG	404	4	77	134	164	25
上　海 SHANGHAI	87	3	44	40	0	0
江　苏 JIANGSU	602	18	167	187	230	0
浙　江 ZHEJIANG	378	11	149	118	96	4
安　徽 ANHUI	483	8	138	164	172	1
福　建 FUJIAN	168	7	78	64	19	0
江　西 JIANGXI	189	6	72	63	48	0
山　东 SHANDONG	651	9	175	285	179	3
河　南 HENAN	243	10	74	101	58	0
湖　北 HUBEI	288	9	101	120	55	3
湖　南 HUNAN	232	6	78	112	34	2
广　东 GUANGDONG	268	10	150	97	11	0
广　西 GUANGXI	224	4	111	83	26	0
海　南 HAINAN	44	4	15	21	4	0
重　庆 CHONGQING	175	6	62	68	37	2
四　川 SICHUAN	299	9	133	66	90	1
贵　州 GUIZHOU	118	3	51	51	13	0
云　南 YUNNAN	165	6	59	40	54	6
西　藏 TIBET	29	2	6	9	8	4
陕　西 SHAANXI	257	6	60	142	48	1
甘　肃 GANSU	197	3	61	56	75	2
青　海 QINGHAI	79	2	17	55	5	0
宁　夏 NINGXIA	36	3	10	14	9	0
新　疆 XINJIANG	295	8	60	99	111	17

8-2　2014年旅游景区基本情况

MAJOR STATISTICS OF TOURIST ATTRACTIONS 2014

地　区 LOCALITY	旅游景区总数（家） NUMBER OF TOURIST ATTRACTIONS	接待总人数（亿人次） VISITORS RECEIVED (100 MILLION PERSON)	营业收入（亿元） TOTAL REVENUE (100 MILLION RMB ¥)	#门票收入（亿元） TICKETS (100 MILLION RMB ¥)
总　计 TOTAL	**7 359**	**31.88**	**3 159**	**755.77**
北　京 BEIJING	207	1.51	61	20.89
天　津 TIANJIN	101	0.27	16	7.49
河　北 HEBEI	324	0.75	68	18.60
山　西 SHANXI	108	0.40	105	11.51
内蒙古 INNER MONGOLIA	265	0.28	20	5.29
辽　宁 LIAONING	267	0.85	104	25.28
吉　林 JILIN	176	0.34	24	3.92
黑龙江 HEILONGJIANG	404	0.47	43	9.36
上　海 SHANGHAI	87	0.76	33	19.94
江　苏 JIANGSU	602	4.05	204	46.54
浙　江 ZHEJIANG	378	2.47	206	64.14
安　徽 ANHUI	483	1.76	203	56.71
福　建 FUJIAN	168	0.91	74	22.29
江　西 JIANGXI	189	1.36	485	45.01
山　东 SHANDONG	651	2.58	255	61.90
河　南 HENAN	243	1.28	98	34.39
湖　北 HUBEI	288	1.06	111	34.16
湖　南 HUNAN	232	1.28	169	34.10
广　东 GUANGDONG	268	1.83	162	52.92
广　西 GUANGXI	224	0.90	38	16.17
海　南 HAINAN	44	0.27	23	12.33
重　庆 CHONGQING	175	0.68	49	13.04
四　川 SICHUAN	299	2.01	294	45.72
贵　州 GUIZHOU	118	0.58	85	14.30
云　南 YUNNAN	165	0.78	63	30.35
西　藏 TIBET	29	0.03	3	1.10
陕　西 SHAANXI	257	1.13	62	28.45
甘　肃 GANSU	197	0.47	36	8.72
青　海 QINGHAI	79	0.40	27	2.86
宁　夏 NINGXIA	36	0.12	9	4.36
新　疆 XINJIANG	295	0.30	29	3.93

九、旅游企事业单位基本情况

9. STATISTICS OF TOURISM ENTERPRISES

9-1 2014年旅游业从业人数

BREAKDOWN EMPLOYEES OF TOURISM INDUSTRY 2014

单　位：人
UNIT：PERSON

地　区 LOCALITY	星级饭店 STAR-RATED HOTELS	旅行社 TRAVEL AGENCIES	旅游景区 TOURIST ATTRACTIONS
总　计 TOTAL	**1 361 869**	**341 312**	**1 215 384**
北　京 BEIJING	100 945	33 039	28 008
天　津 TIANJIN	16 741	4 258	10 058
河　北 HEBEI	50 710	9 452	45 772
山　西 SHANXI	33 096	7 589	13 812
内蒙古 INNER MONGOLIA	23 195	5 142	10 606
辽　宁 LIAONING	42 203	8 294	169 739
吉　林 JILIN	15 819	3 923	9 125
黑龙江 HEILONGJIANG	14 882	4 812	26 546
上　海 SHANGHAI	55 638	22 529	10 899
江　苏 JIANGSU	90 256	21 168	84 841
浙　江 ZHEJIANG	107 453	27 607	40 851
安　徽 ANHUI	38 503	9 507	39 239
福　建 FUJIAN	61 333	14 791	25 421
江　西 JIANGXI	30 957	6 235	47 940
山　东 SHANDONG	114 676	19 306	93 315
河　南 HENAN	31 736	6 973	29 440
湖　北 HUBEI	37 745	16 571	42 594
湖　南 HUNAN	49 761	11 616	160 061
广　东 GUANGDONG	140 570	44 766	91 303
广　西 GUANGXI	33 954	7 312	24 151
海　南 HAINAN	20 751	5 156	9 629
重　庆 CHONGQING	29 753	8 131	21 948
四　川 SICHUAN	48 157	6 697	48 087
贵　州 GUIZHOU	20 204	5 107	13 445
云　南 YUNNAN	43 977	13 031	43 916
西　藏 TIBET	4 638	713	994
陕　西 SHAANXI	36 877	7 701	33 639
甘　肃 GANSU	23 714	2 771	14 873
青　海 QINGHAI	7 846	1 808	3 771
宁　夏 NINGXIA	7 358	1 474	3 490
新　疆 XINJIANG	28 421	3 833	17 871

9-2 2014年全国旅游院校基本情况

MAJOR STATISTICS OF TOURISM SCHOOLS & COLLEGES 2014

地 区 LOCALITY	旅游院校数（所） NUMBER OF TOURISM SCHOOLS AND COLLEGES			旅游院校学生数（人） NUMBER OF STUDENTS AT TOURISM SCHOOLS AND COLLEGES		
	总 计 TOTAL	*高等院校 INSTITUTES OF HIGHER EDUCATION	**中等职业学校 SECONDARY VOCATIONAL SCHOOLS	总 计 TOTAL	*高等院校 INSTITUTES OF HIGHER EDUCATION	**中等职业学校 SECONDARY VOCATIONAL SCHOOLS
总 计 TOTAL	**2 055**	**1 122**	**933**	**753 318**	**435 213**	**318 105**
北 京 BEIJING	61	39	22	16 104	12 270	3 834
天 津 TIANJIN	19	17	2	10 057	7 428	2 629
河 北 HEIBEI	58	45	13	16 118	13 108	3 010
山 西 SHANXI	35	18	17	16 221	11 210	5 011
内蒙古 INNER MONGOLIA	33	27	6	9 340	8 266	1 074
辽 宁 LIAONING	67	40	27	17 118	12 729	4 389
吉 林 JILIN	25	17	8	5 434	4 878	556
黑龙江 HEILONGJIANG	51	36	15	14 898	12 400	2 498
上 海 SHANGHAI	40	22	18	15 629	11 115	4 514
江 苏 JIANGSU	241	113	128	60 649	14 603	46 046
浙 江 ZHEJIANG	104	35	69	57 661	25 808	31 853
安 徽 ANHUI	105	39	66	38 861	13 471	25 390
福 建 FUJIAN	72	45	27	19 907	15 859	4 048
江 西 JIANGXI	43	34	9	10 630	8 531	2 099
山 东 SHANDONG	88	56	32	42 878	32 705	10 173
河 南 HENAN	100	68	32	36 710	27 006	9 704
湖 北 HUBEI	70	54	16	30 979	25 222	5 757
湖 南 HUNAN	75	47	28	25 203	17 737	7 466
广 东 GUANGDONG	154	71	83	77 869	47 497	30 372
广 西 GUANGXI	38	21	17	25 614	14 120	11 494
海 南 HAINAN	20	15	5	28 533	13 682	14 851
四 川 SICHUAN	91	51	40	41 303	19 020	22 283
重 庆 CHONGQING	178	86	92	54 904	23 512	31 392
贵 州 GUIZHOU	47	29	18	20 394	11 574	8 820
云 南 YUNNAN	156	35	121	25 684	7 784	17 900
西 藏 TIBET	3	3	0	1 323	638	685
陕 西 SHAANXI	29	22	7	14 885	8 783	6 102
甘 肃 GANSU	19	10	9	6 577	4 676	1 901
青 海 QINGHAI	7	5	2	2 621	2 208	413
宁 夏 NINGXIA	5	4	1	4 114	2 388	1 726
新 疆 XINJIANG	21	18	3	5 100	4 985	115

注：* 高等院校指旅游高等院校及开设旅游系（专业）的普通高等院校和成人高等院校。

** 中等职业学校指旅游中等专业学校、旅游职业高中及开设旅游专业的其他中等专业学校、职业高中和技校。

NOTES: * TOURISM INSTITUTES: TOURISM COLLEGES AND ORDINARY INSTITUTES OF HIGHER EDUCATION WITH TOURISM DEPARTMENTS.

** SECONDARY VOCATIONAL SCHOOLS: SECONDARY TOURISM PROFESSIONAL SCHOOLS,VOCATIONAL TOURISM HIGH SCHOOLS, TOURISM CLASSES AT OTHER SECONDARY PROFESSIONAL SCHOOL,VOCATIONAL HIGH SCHOOL AND TECHNIC SCHOOL.

附　　录

APPENDIX

旅游统计基本概念和主要指标解释

1. 游客： 指任何为休闲、娱乐、观光、度假、探亲访友、就医疗养、购物、参加会议或从事经济、文化、体育、宗教活动，离开常住国（或常住地）到其他国家（或地方），其连续停留时间不超过 12 个月，并且在其他国家（或地方）的主要目的不是通过所从事的活动获取报酬的人。

游客不包括因工作或学习在两地有规律往返的人。

游客按出游地分为国际游客（即入境游客）和国内游客。按出游时间分为过夜游客和一日游游客。

2. 常住国： 指一个人在近一年的大部分时间所居住的国家（或地区）或在这个国家（或地区）只居住了较短的时间，但在 12 个月内仍将返回的这个国家（或地区）。

3. 常住地： 指一个常住国的居民，在近一年的大部分时间所居住的城镇或在这个城镇只居住了较短的时期，但在 12 个月内仍将返回的这个城镇。判定一个游客是国际游客还是国内游客不是根据这个游客的国籍而是根据他的常住国或常住地而定。

4. 入境旅游人数： 指报告期内来我国观光、度假、探亲访友、就医疗养、购物、参加会议或从事经济、文化、体育、宗教活动的外国人、港澳台同胞等入境游客。统计时，外国人、港澳台同胞每入境一次统计 1 人次，即入境旅游人数。

入境旅游人数包括入境过夜游客和入境一日游游客。

5. 入境过夜游客： 指入境游客中，在我国旅游住宿设施内至少停留一夜的外国人、华侨、港澳台同胞。

入境过夜游客不包括下列人员：① 应邀来华访问的政府部长以上官员及其随行人员；② 外国驻华使领馆官员、外交人员以及随行的家庭服务人员和受赡养者；③ 常驻我国一年以上的外国专家、留学生、记者、商务机构人员等；④ 乘坐国际航班过境不需要通过护照检查进入我国口岸的中转旅客；⑤ 边境地区往来的边民；⑥ 回内地（大陆）定居的港澳台同胞；⑦ 已在我国定居的外国人和原已出境又返回在我国定居的外国侨民；⑧ 归国的我国出国人员。

6. 入境一日游游客： 指入境游客中，未在我国旅游住宿设施内过夜的外国人、华侨、港澳台同胞。入境一日游游客应包括乘坐游船、游艇、火车、汽车来华旅游，在车（船）上过夜的游客和机、车、船上乘务人员，但不包括在境外（内）居住而在境内（外）工作，当天往返的港澳同胞和周边国家的边民。

7. 国内游客： 指报告期内在国内观光游览、度假、探亲访友、就医疗养、购物、参加会议或从事经济、文化、体育、宗教活动的本国居民，其出游的目的不是通过所从事的活动谋取报酬。统计时，国内游客按每出游一次统计 1 人次。国内游客包括国内过夜游客和国内一日游游客。

8. 国内过夜游客： 指国内居民离开惯常居住地在境内其他地方的旅游住宿设施内至少停留一夜，最长不超过 12 个月的国内游客。国内过夜游客应包括在我国境内常住一年以上的外国人、港澳台同胞。但不包括到各地巡视工作的部级以上领导、驻外地办事机构的临时工作人员、调遣的武装人员、到外地学习的学生、到基层锻炼的干部、到境内其他地区定居的人员和无固定居住地的无业游民。

9. 国内一日游游客： 指国内居民离开惯常居住地 10 公里以上，出游时间超过 6 小时，不足 24 小时，并未在境内其他地方的旅游住宿设施过夜的国内游客。

10. 国籍： 是指给游客颁发护照（或其他身份文件）的政府所在的国家。

11. 外国人： 指属外国国籍的人，加入外国国籍的中国血统华人也计入外国人。

12. 港澳台同胞： 指居住在我国香港特别行政区、澳门特别行政区和台湾省的中国同胞。

13. 职业： 旅游者在本次旅游前所从事的职业。

14. 出境人数（出境游客）： 指我国（大陆）公民因公或因私出境前往其他国家或地区观光、度假、探亲访友、就医疗养、购物、参加会议或从事经济、文化、体育、宗教活动的人数（即出境游客）。统计时，出境游客按每出境一次统计 1 人次。

15. 出境过夜游客： 指我国大陆居民出境旅游，并在境外其他国家或地区的旅游住宿设施至少停留一夜的游客。

16. 出境一日游游客： 指我国大陆居民出境旅游，在境外停留时间不超过 24 小时，并未在境外其他国家或地区的旅游住宿设施内过夜的游客。

17. 旅游收入： 游客（入境游客和国内游客）在旅游过程中（由游客或游客的代表为游客）支付的一切旅游支出就是国家（省、区、市）的旅游收入。游客的旅游支出应包括过夜游客和一日游游客在整个游程中行、游、住、食、购、娱，以及为亲友、家人购买纪念品、礼品等方面的旅游支出，不包括为商业目的的购物、购买房、地、车、船等资本性或交易性的投资、馈赠亲友的现金及给公共机构的捐赠。旅游收入包括国际旅游（外汇）收入和国内旅游收入。

18. 国际旅游（外汇）收入：入境游客在中国（大陆）境内旅行、游览过程中用于交通、参观游览、住宿、餐饮、购物、娱乐等全部花费。

19. 国内旅游收入：指国内游客在国内旅行、游览过程中用于交通、参观游览、住宿、餐饮、购物、娱乐等全部花费。

20. 团体入境游客（简称“团队”）：指参加旅游团（通常采用综合包价、小包价、国际会议、海洋游船、应邀来访及临时组织的旅游团等形式）来中国大陆旅游的入境过夜游客及入境一日游游客。

21. 旅行社外联（组团）人数：指报告期内旅行社自组外联的入境游客人数，反映旅行社对外招徕的能力。旅行社按以下要求统计外联人数：①国际游客入境后不论其停留时间多少、旅游线路长短，只统计一次；②旅行社只统计本社自主外联团的实到人数，非本社外联，仅由本社接受委托办理签证的人数不包括在内。

22. 旅行社接待入境游客人数：指报告期内旅行社实际接待的团队及零散入境过夜游客和入境一日游游客人数，以反映旅行社的接待工作量。旅行社接待入境游客的人数，既包括本社外联并接待的团队游客，也包括接受其他旅行社委托接待的团队游客。

23. 旅行社外联入境游客人天数：指报告期内旅行社外联的每个入境游客在境内实际停留的天数之和。仅委托办理有关手续或提供单项服务的零散入境游客不计算人天。外联一日游游客超过 6 小时的按 1 人天统计。

24. 旅行社接待入境人天数：指报告期内旅行社接待的每个入境游客在本省、市实际停留的天数之和。仅委托办理有关手续或提供单项服务的零散入境游客不计算人天。

25. 国内旅游组团人数（人天数）：指报告期内旅行社招徕组织国内团队游客人数（人天数）。组团人数包括国内过夜游客人数和国内一日游游客人数。

26. 国内旅游接待人数（人天数）：指报告期内旅行社接待国内团队游客人数（人天数）。接待人数（人天数）包括本社组团本社接待和外社组团本社接待的国内游客人数（人天数）。

27. 旅游住宿设施（旅馆业）：指任何定期（或临时）为旅游者提供住宿条件的设施。旅游住宿设施包括星级饭店、宾馆、公寓、旅店、招待所、江河及海洋游船、培训中心、疗养院、度假村、假日营地、私人寓所、家庭住宅的出租客房及亲友提供的免费住宿设施等。

28. 星级饭店：指已评定星级的饭店。

29. 星级饭店接待人数（人天数）：指报告期内游客在星级饭店住宿的人数

（人天数）。不论其住宿夜数多少，每接待一位游客只统计一次人数；一个游客住宿几夜，相应计算几个人天数。

30. 客房出租率：指报告期内客房实际出租间天数除以报告期内客房可出租间天数的百分数。其计算公式为：

$$客房出租率（\%）=\frac{\sum 客房实际出租间天数（间天）}{\sum 客房核定出租间天数（间天）}\times 100$$

31. 客房实际平均价格：指报告期内旅游饭店（宾馆）、公寓、涉外游船实际出租客房、公寓的平均价格。其计算公式为：

客房实际平均价格（元/间天）= 客房收入（元）/ 客房实际出租间天数（间天）

32. 营业收入：指企业各项经营业务的收入。饭店（宾馆）、写字楼、公寓、旅店的营业收入（总额），包括客房收入、餐饮收入、商品部收入、车队收入、其他收入等；旅行社的营业收入（总额），包括综合服务收入、组团外联收入、零星服务收入、劳务收入、票务收入、旅游及加项收入、其他收入等；酒楼、餐馆等饮食企业的营业收入包括餐费收入、冷热饮收入、服务收入、其他收入等；从事咨询服务的咨询公司的服务收入，也计入本科目。

旅行社（不论是组团社还是接团社）组织境外游客到国内旅游，应以旅行团队离境（或离开本地）时确认营业收入实现；旅行社组织国内游客到境外旅游，应以旅行团旅行结束返回时确认营业收入实现；旅行社组织国内游客在国内旅游，也应以旅行团旅行结束返回时确认营业收入实现。

旅行社、旅游饭店营业收入不包括本单位直属其他独立核算企业的营业收入。

33. 营业税金及附加（即业务税金及附加）：指企业与营业收入有关的，应由各项经营业务负担的税金及附加，包括营业税、城市维护建设税及教育费附加等。饭店（宾馆）、公寓、旅店、酒楼、餐馆等企业应按营业收入的一定比例计算缴纳营业税；旅行社应按营业收入净额（营业收入总额扣除代收代付的房费、餐费、交通费等费用）计算缴纳营业税。

34. 经营利润：指企业经营取得的收入，也可理解是一种毛利润，经营利润等于营业收入减去营业成本、营业费用、营业税金及附加。

35. 营业利润：是利润总额的主要组成部分。指企业经营利润减去管理费用、财务费用后的差额。

36. 利润总额：指企业在一定时期内实现的盈亏总额，反映企业最终的财务成果。计算公式为：

利润总额 = 营业利润 + 补贴收入 + 投资收益 + 营业外收入 − 营业外支出

该指标如小于零，表示亏损。

37. 固定资产原价：指企业在建造、购置、安装、改建、扩建、技术改造某项固定资产时所支出的全部货币总额。

38. 固定资产净值：指企业固定资产原价扣除累计折旧后的余额。

39. 年末从业人员：指年度末由企业支付工资的各类职工（包括正式职工、合同制职工、临时工、计划外用工等）的人数。

40. 企业登记注册类型：以企业在工商部门登记注册时的企业类型为依据，按国家统计局与国家工商行政管理局联合制定的《关于划分企业登记注册类型的规定》分为：内资企业、港澳台商投资企业、外商投资企业。内资企业包括：国有企业、集体企业、股份合作企业、有限责任公司、股份有限公司、私营企业和其他企业。港澳台商投资企业包括：合资经营企业、合作经营企业、港澳台商独资企业和港澳台商投资股份有限公司。外商投资企业包括：中外合资经营企业、中外合作经营企业、外资（独资）企业、外商投资股份有限公司。

41. 旅游高等院校：指国家承认学历、开设旅游学院（系、专业）的普通高等院校和成人高等院校。

42. 旅游中等职业学校：指国家承认学历的旅游中等专业学校、旅游职业中学（高中）及开设旅游专业班的技校和普通中学。

TECHNICAL NOTES

1. **Visitor**– refers to any person who travels to a country (or place) other than that of his or her residence for a period not exceeding 12 months for leisure, entertainment, sightseeing, holiday, visiting relatives or friends, medical care, shopping, meeting, or taking part in economic, cultural, sports or religious activities, where the main purpose of the travel is not for remuneration.

A visitor does not refer to any person who commutes between two places regularly for career or education.

According to the origin of the travel, visitors are classified as international visitors (i. e., inbound visitors) and domestic visitors. According to the length of stay, visitors are classified as tourists (i.e., overnight visitors) and same–day visitors (non–overnight visitors) .

2. **Country of Residence** – refers to the country (or region) where a person resides for most of the time over the past year, or for a short period of time but then the person returns within 12 months.

3. **Place of Residence** – refers to the city (or town) where a person resides for most of the time over the past year, or for a short period of time but the person returns within 12 month. The criterion to classify whether a visitor is an international visitor or a domestic visitor is not the person's citizenship, but his or her country of residence or place of residence.

4. **International Visitors (Inbound Visitor Arrivals)** – refer to foreigners or compatriots from Hong Kong, Macao and Taiwan who come to China within the reporting time frame for sightseeing, holiday, visiting friends and relatives, medical care, shopping, meeting, or taking part in economic, cultural, sports or religious activities. Each time of entry is recorded as one time of arrival, and the total sum makes up the inbound visitor arrivals.

Inbound visitor arrivals (international visitors) include inbound (overnight) tourists and inbound same–day visitors.

5. **Inbound (overnight) tourists** – refer to those inbound visitors who stay at least for one night at tourist accommodation establishments in China.

Inbound (overnight) tourists do not include following persons:

(1) Officials of ministerial level or above and their aids and escorts who come to visit China at the invitation of Chinese;

(2) Officials and diplomats of foreign diplomatic missions to China, including their household service people and dependents;

(3) Foreign experts, students, journalists, trade representatives who stay in China over one year;

(4) Transit passengers of international flights without going through Chinese frontier checks;

(5) Border residents;

(6) Compatriots from Hong Kong, Macao and Taiwan who reside in the mainland permanently;

(7) Foreigners who has already become residents in the country or who left the country but has returned to reside in the country;

(8) Chinese nationals who return from foreign countries.

6. **Inbound Same-day Visitors** – refer to those inbound visitors who do not stay overnight in the tourist accommodation establishments. They include visitors, drivers, crewmembers who stay overnight on board of cruise ships, yachts, trains or motor vehicles, but they do not include those compatriots from Hong Kong, Macao and Taiwan and those residents of the bordering countries who reside outside (inside) while work inside (outside) China.

7. **Domestic Visitors** – refer to Chinese nationals who travel within the country within the reporting time frame for sightseeing, holiday, visiting friends and relatives, medical care, meeting, or taking part in economic, cultural, sports or religious activities. Their purposes of travel are not for remuneration from the activities afore mentioned. Each time of their travel is recorded as one person time. Domestic visitors include domestic (overnight) tourists and domestic same-day visitors.

8. **Domestic Tourist**– refers to any residents of the country who leaves his or her usual place of residence and travels to another place within the country and stay at least one night but not exceeding 12 months at the tourist accommodation establishments, where the main purpose of the travel is not for remuneration. Domestic tourists should include those foreigners and compatriots from Hong Kong, Macao and Taiwan who reside in the country over one year; They do not include officials at the ministerial level and above on inspection trips, temporary staff members in the offices in other cities, military

staff mobilized to other areas, students studying in other places of the country, government employees on field training, people who travel to another place to reside, and people without fixed residence.

9. **Domestic Same-day** Visitor – refers to a resident of the country who leaves his or her usual place of residence over 10 kilometers away for over 6 hours but less than 24 hours and does not stay overnight in the tourist accommodation establishments in other places.

10. **Citizenship** – refers to the country where the government issues the passport (or other identification documents) to a visitor.

11. **Foreigners** – refer to persons with foreign citizenship, including Chinese descents who have acquired foreign citizenship.

12. **Compatriots of Hong Kong, Macao and Taiwan** – refer to the Chinese compatriots who reside in Hong Kong Special Administrative Region, Macao Special Administrative Region and Taiwan province.

13. **Occupation** – refers to the occupation a visitor holds before the trip.

14. **Outbound Visitor** (**outbound departure**) – refers to a Chinese (mainland) citizen who departs from China to a foreign country (or region) for leisure, entertainment, sightseeing, holiday, visiting relatives or friends, medical care, shopping, meeting, or taking part in economic, cultural, sports or religious activities. Each time of departure is recorded as one person time.

15. **Outbound Tourist** – refers to a resident of the mainland who departs the country for travel and stays at least one night at the tourist accommodation establishments in another country or region.

16. **Outbound Same-day Visitor** – refers to a resident of the mainland China who makes an outbound travel for less than 24 hours and does not stay overnight in the tourist accommodation establishments in the country or region.

17. **Tourism Receipts** – all the expenditures made by visitors (inbound visitors and domestic visitors) or by representatives of the visitors in the course of their travel constitute the tourism receipts of a country (province, region, city) . Tourism expenditures of visitors should include expenses made by (overnight) tourists and same-day visitors throughout their travel on transport, tours, lodging, food, shopping, entertainment, and souvenirs and gifts for friends and relatives. Tourism expenditures do not include purchases of goods, real estate, house, motor vehicle, water vessel for commercial purposes, neither include capital nor transactional investments, cash given

to friends and relatives, donations to public organizations. Tourism receipts include international tourism (foreign exchange) receipts and domestic tourism receipts.

18. **International Tourism (foreign exchange) Receipts**– refer to the total expenditure made by inbound tourists within the territory of China (the mainland) in their course of travel on transport, tours and sightseeing, lodging, food and beverage, shopping, entertainment and etc.

19. **Domestic Tourism Receipts** – refer to the total expenditure made by domestic tourists within the territory of China (the mainland) in their course of travel on transport, tours and sightseeing, lodging, food and beverage, shopping, entertainment and etc.

20. **Group Inbound Visitors ("Groups" for short)** – refer to inbound tourists and same–day visitors who travel to the mainland China as groups (usually the groups are in the form of all–inclusive packages, small packages, international conferences, cruise liners, invited groups and temporarily organized tourist groups) .

21. **Number of Inbound Visitors Liaised by Travel Agencies** – refers to the number of inbound visitors liaised by any travel agency within the reporting time frame. It reflects the sales abilities of travel agencies. Travel agencies are required to record the number of inbound visitors according to: (1) Upon arrival, the entry of international visitors is recorded only once no matter how long they will stay and how long their itineraries are; (2) Travel agencies record only the actual arrival number of visitors liaised by the travel agencies concerned, excluding the number of visitors liaised by other travel agencies but whose visas are processed by the travel agencies concerned.

22. **Number of Inbound Visitors Received by Travel Agencies** – refers to the number of group and independent inbound tourists and inbound same–day visitors actually received by the travel agencies concerned within the reporting time frame. This indicator reflects the work load of travel agencies. It includes not only group visitors liaised and received by the travel agencies concerned but also group visitors entrusted by other travel agencies.

23. **Number of Days of Inbound Tourists Liaised by Travel Agencies** – refers to the sum of the days of actual stay of each inbound tourist liaised by travel agencies concerned in a given area within the reporting time frame.

24. **Number of Days of Inbound Tourists Received by Travel Agencies**– refers to the sum of the days of actual stay of each inbound tourist received by travel agencies concerned in a given area within the reporting time frame.

25. **Number of Domestic Group Visitors (Days)** – refer to the number of domestic group visitors (days) liaised by travel agencies within the reporting time frame. They include domestic group tourists (days) and domestic group same–day visitors (days) .

26. **Number of Domestic Visitors (Days) Received by Travel Agencies** – refer to the number of domestic group visitors (days) received by travel agencies within the reporting time frame. They include domestic visitors organized and received by the travel agencies concerned and domestic visitors organized by other travel agencies but received by the travel agencies concerned.

27. **Tourist Accommodation Establishments (Hotel Industry)** – refer to all kinds of establishments that can accommodate tourists regularly or temporarily. They include star–rated hotels, apartments, inns, guesthouses, cruise ships and boats, training centers, sanatoriums, holiday resorts, campsites, private dwellings, family rental rooms and lodging facilities provided by relatives and friends.

28. **Star–Rated Hotels** – refer to accommodation establishments which are star–rated.

29. **Number of Tourists (Nights) Received at star–Rated hotels** – refers to the number of tourists (nights) received at Star–Rated hotels within the reporting time frame. No matter how many nights a tourist stays, each tourist is recorded only once. The number of nights a tourist stays at a hotel equals the number of tourist nights.

30. **Room Occupancy Rate** – refers to the number of rooms (nights) actually sold divided by the number of rooms (nights) available within the reporting time frame. The formula is as follows:

$$\text{Room Occupancy Rate}(\%) = \frac{\text{Number of Rooms (Nights) Actually Sold}}{\text{Number of Rooms (nights) available}} \times 100\%$$

31. **Actual Average Room Rate** – refers to the actual average price of rooms of tourist hotels, apartments and cruise ships. The formula goes:

Actual average room rate (Yuan/Room Day) = Room sales (Yuan) / Actual number of rooms sold days.

32. **Business Income** – incomes from business operations of an enterprise. Business income of hotels, office buildings, apartments and inns includes sales from rooms, catering, shopping, transport services and other incomes; Business income of travel agencies includes inclusive service charges, handling charges from organizing groups, odd services, labor service, ticketing service, tours and extra service charges, and other

incomes; Business incomes of restaurants includes food and beverage sales, service charges, and other incomes; Incomes of consulting services provided by consultant firms are also recorded under this item.

For travel agencies (organizing companies and reception companies) handling inbound tourists, only the realized business incomes upon the departure of the tourist groups from the country (or local area) should be recorded as their business incomes; For travel agencies handling outbound tourists, only the actual realized incomes upon returning of the tourist groups should be recorded as their business income; For travel agencies handling domestic tourists, only the actual realized incomes upon returning of the tourist groups should be recorded as their business income. The business income of the travel agencies or hotels does not include that of their subsidiary enterprises which have independent accounting.

33. **Business Tax and Additional Levies**– refer to taxes and additional levies related to enterprises' business income, including business tax, urban maintenance and construction tax, and additional education levies. Business tax of hotels, apartments, restaurants should be paid based on a certain percentage of the business income; Business tax of travel agencies should be paid based on a certain percentage of net income.

34. **Operational Revenue** – refers to incomes gained from business operations. It can be understood as one type of gross profit. Operational revenue equals to business income minus business cost, business expenses, business tax and additional levies.

35. **Business Revenue** – is the main body of the gross profit. It refers to operational revenue minus management fees, accounting fees.

36. **Gross Profit** – refers to the balance of total profits and losses within a given period. This indicator reflects the final accounting result. The formula is: Gross profit = business revenue + subsidies income + investment returns + incomes from outside business activities – expenditures outside business activities. If this indicator is small than zero, it stands for loss.

37. **Original Value of Fixed Assets** – refer to the total cash value of the fixed assets of an enterprise when they are set up, purchased, installed, renovated, expanded or technically upgraded.

38. **Net Value of Fixed Assets** – refers to the balance of the original value of fixed assets and accumulated depreciation.

39. **Employment at the End of the Year**– refers to the total number of employees on the payroll at the end of the year. The employees include formal, contract, temporary

staff and recruits outside planned employment.

40. **Category of Enterprise at Registration**– According to the categories of enterprises at registration with industrial and commercial registration offices and basing on the "Regulation on Classifying Categories of Enterprises at Registration" formulated by National Statistics Bureau and National Industrial and Commercial Administration Bureau, enterprises are classified into following categories: domestic–invested Enterprises, enterprises with Investment from Hong Kong, Macao, or Taiwan, foreign–invested Enterprises. Domestic–invested enterprises include state–owned enterprises, collective–owned enterprises, share holding co–operative enterprises, limited liability enterprises, limited liability shares enterprises, private enterprises, and other categories of enterprises; Enterprises with investment from Hong Kong, Macao, or Taiwan include joint–venture enterprises, co–operative enterprises, fully–Hong Kong, Macao or Taiwan–invested enterprises, and limited liability shares enterprises with Hong Kong, Macao or Taiwan investment; Foreign invested enterprises include Sino–foreign joint–venture enterprises, Sino–foreign co–operative enterprises, fully foreign invested enterprises, limited liability shares enterprises with foreign investment.

41. **Higher Learning Institutions in Tourism**– refer to ordinary higher learning institutions or adult higher learning institutions which have tourism institutes or department or specialty and which grant state recognized educational certificates.

42. **Technical Schools in Tourism**– refer to tourism technical schools, or tourism professional middle (high) schools, or other technical schools or ordinary middle schools which offer tourism courses and grant state recognized educational certificates.

责任编辑：王　军
责任印制：冯冬青

图书在版编目（CIP）数据

中国旅游统计年鉴. 2015 : 汉英对照 / 中华人民共和国国家旅游局编. --北京 : 中国旅游出版社, 2015.12

ISBN 978-7-5032-5518-2

Ⅰ. ①中…　Ⅱ. ①中…　Ⅲ. ①旅游业 - 统计资料 - 中国 - 2015 - 年鉴 - 汉、英　Ⅳ. ①F592-66

中国版本图书馆CIP数据核字（2015）第313705号

书　　名：中国旅游统计年鉴 2015

作　　者：中华人民共和国国家旅游局
出版发行：中国旅游出版社
（北京建国门内大街甲9号　邮编：100005）
http://www.cttp.net.cn　E-mail:cttp@cnta.gov.cn
发行部电话：010-85166503
排　　版：北京中文天地文化艺术有限公司
经　　刷：全国各地新华书店
印　　刷：北京工商事务印刷有限公司
版　　次：2015年12月第1版　2015年12月第1次印刷
开　　本：787毫米 × 1092毫米　1/16
印　　张：9.75
字　　数：200千
定　　价：80.00元
I S B N　978-7-5032-5518-2